総合人類学としてのヒト学

高倉浩樹

総合人類学としてのヒト学（'18）
©2018　高倉浩樹

装丁・ブックデザイン：畑中　猛

まえがき

　本書を手にとった読者は、文化人類学という学問分野は聞いたことがあるのではないかと筆者は推測している。社会人類学・民族学とも呼ばれるこの分野は、世界各地にフィールドワークに出かけ現地生活の中に入り込んで調査を行い、人類文化の多様性を明らかにしつつ、その普遍性を探究する。

　これに対し、多くの方は総合人類学とは？さらにヒト学？？と思ってしまうかもしれない。日本において、文化人類学は文学部や社会学部の中にあり、歴史学や社会学、心理学の隣接分野として考えられているからである。しかし文化人類学の歴史をたどっていくと、文化系分野だけでなく、生物学や医学など理系との関係もみえてくる。というより学説史的にいえば、19世紀にあっては、生物学・考古学・文化人類学などが明確に区別されずにこの学問がはじまった。世界各地に調査に出かけ、生物としてのヒトを、同時に文化としてのヒトもまた調査することで「人類学」は成立したのである。

　たとえば、「汗の結晶」という日本語がある。苦労や努力を蓄積し得られた成果を意味する象徴的な表現であるが、これは生物としてのヒトが進化の過程で獲得した全身発汗という生理機能が基盤となっている。チンパンジーなどの霊長類と比べることで、ヒトの家族における父親という特異な存在がみえてくることがある。文化的多様性と生物学的進化双方に関わる知見を踏まえることで、従来みえていなかったヒトの理解が深まるのである。

　本書の狙いは、文化人類学や生物（形質）人類学双方の視点を踏まえながら、ヒトの理解を総合的に行うことである。厳密に言えば、生物人

類学そのものというよりも、その隣接分野である人類生態学や生態人類学、霊長類学などの知見を導入することで、文化（社会）人類学を総合化することを目指した。

具体的には、地球のエネルギー収支や環境生態系における人間社会の位置づけに触れた上で、どのような過程をへて現在にいたるのか、食料摂取を含む幅広い意味での資源利用技術、分配とその社会効果、有用なものを価値づけるという意味での象徴体系とそれを支える信仰的信念、近代国家のような高度化された政治体制を含む社会組織の多様な特徴などが内容である。いずれのテーマでも多様性を支える普遍的なしくみが生物学的基盤と何らかの関わりがあることに触れることを心がけた。

本書「総合人類学としてのヒト学」は、放送大学の同名の導入科目のための印刷教材である。導入科目は専門科目講義群への入門を目指すものであり、高等学校での授業と大学での専門教育の橋渡しをするとともに大学生としての基礎的教養の水準を示すことが目的である。その意味では、文化人類学や生物人類学はもちろん他の人文社会科学や理学・農学・医学など様々な専門科目をさらに学ぶ学生に対して、ヒトの生物的基盤と文化多様性に関する最も基礎的知識と視座を身につけることができるように構成したつもりである。おそらく類例をみない人類学の教科書になっているのではないかと思う。

編者としては本書を紐解き、ヒト学の面白さと奥深さに触れていただき、さらに大学での勉学に努めていただきたいと思う次第である。

2017 年 10 月
高倉浩樹

目次

まえがき　　高倉浩樹　3

1　地球におけるヒトの存在　　　　高倉浩樹　9
1. 太陽の恵み　9
2. 共通言語としてのエネルギー　10
3. エネルギー循環の人体と社会　13
4. エネルギーの最大消費の起源と石油文明　17
5. エネルギーと文化　20

2　文化としてのドメスティケーション
　　　　梅﨑昌裕　23
1. 食べ物は誰がつくるのか　23
2. 植物のドメスティケーション　25
3. 動物のドメスティケーション　31
4. まとめ：ドメスティケーションの捉え方　35

3　からだの進化　　　　梅﨑昌裕　38
1. なぜ人間のみかけは多様なのか　38
2. ホモ・サピエンスの進化と出アフリカ　40
3. 暑さ寒さへの適応　43
4. 人類集団ごとの生物的特徴と健康　48
5. まとめ　52

4　食べものをとる　　　　今村　薫　57
1. 初期人類の生活　57
2. 現代の狩猟採集民　64
3. 狩猟採集民の多様性　72
4. 食物の社会道具化　75

5 │ 家畜とともに暮らす　　　│ 高倉浩樹　78

　　1．遊牧の風景　　78
　　2．牧畜社会の特徴　　79
　　3．乾燥地牧畜　　82
　　4．多様な牧畜社会　　87
　　5．共生的牧畜　　92

6 │ 食べものをつくりだす技と場　│ 梅﨑昌裕　96

　　1．はじめに　　96
　　2．焼畑農耕　　97
　　3．水田耕作　　102
　　4．在来知のあり方　　105
　　5．農耕の現代化で人類が失ったもの　　107

7 │ ヒトの家族の起源　　│ 今村　薫　111

　　1．家族とは何か　　111
　　2．霊長類の社会構造　　112
　　3．インセスト・タブー，そして外婚　　116
　　4．重層的社会　　118
　　5．分配と性別分業　　125

8 │ ヒトの繋がりと社会集団　│ 深山直子　128

　　1．社会的動物としてのヒト　　128
　　2．親族という繋がり　　130
　　3．いろいろな繋がり　　136

9　時間と空間を区切る　　　　　赤堀雅幸　143
1．鳴くこととしゃべること　143
2．世界の切り分けと再統合　145
3．二項対立と料理の三角形　148
4．境界と通過儀礼　151
5．世界観と宗教　154

10　遊ぶことと祈ること　　　　　今村　薫　159
1．遊びと模倣　159
2．サンの子どもの遊び　162
3．ダンスと祈り　166
4．祈りの世界の創造　173

11　もののやりとりと社会関係　　　　　深山直子　176
1．ものを贈る　176
2．ものをやりとりする　179
3．ものを売買する　183

12　支配の仕組み　　　　　赤堀雅幸　191
1．群れを超えて生きる　191
2．有力者から支配者へ，部族から首長制と国家へ　195
3．支配の正当性　198
4．支配の仕組みの複雑化と多元化　202

13　近代世界の成立と国民国家の形成
　　　　　赤堀雅幸　205
1．古代，中世から近代へ　205
2．イノベーションの時代　208
3．ナショナリズムの広まり　209
4．国民統合　212
5．ヨーロッパ近代の受容，克服，限界　215

14 | グローバリゼーションとローカル社会

深山直子　218

1．グローバリゼーションとは何か　218
2．近代以前のグローバリゼーション　219
3．近代以降のグローバリゼーション　220
4．グローバリゼーションとローカル社会　223
5．グローバリゼーションの諸相
　　——ツバルのフィールドワークから　225

15 | 地球温暖化と人類社会

高倉浩樹　234

1．「人類世」という視点　234
2．気候変動と災害　235
3．地球温暖化と国際政治　237
4．気候変動とヒト学　240
5．おわりに　244

索引　249

本書に関係する世界地図　258

1 | 地球におけるヒトの存在

高倉　浩樹

《目標&ポイント》　ヒトは文化的存在であると同時に太陽の恵みに依存する生物である。狩猟採集民だった時代に地球上に拡散したヒトは，農業革命と産業革命をへて独自のエネルギー連鎖をつくり今日に至っている。エネルギーは身体の栄養源であると同時に社会を支える動力源である。人類史はエネルギー拡散の流れを様々な地域でヒトが独自の系をつくりだしてきた過程であるといえる。文化をエネルギー利用の観点から見ることで，地球におけるヒトの存在を鳥瞰する視点を紹介するとともに，地球環境問題と人類史を関連づけて理解する枠組みを提供したい。
《キーワード》　エネルギー連鎖，食料生産，エネルギー利用としての文化

1. 太陽の恵み

　ヒトは他の動物や植物と同様に生態系の中で生息している生物の一つでもある。とはいっても多くの点でかなり特殊な生物である。たとえば，ヒトほど地球全域にわたって分布している動物はいない。また，田んぼを見てみればわかるように，ヒトは自ら生態系をつくりだす動物である。田んぼは，ヒトが植えた作物を軸にして，虫やカエル，魚や鳥などが集まり，原自然とは異なる空間である。さらに，石油エネルギーの利用による車や機械などの動力，プラスチック製品の存在，電話やインターネットによる通信網など，例を挙げれば切りがない。

　とはいっても，ヒトは地球上の生物と同様に太陽の恵みがなければ生存できない存在でもある。夜行型の人の中には，「太陽の恵み」なんて

言葉の彩でしかなく，電気が存在する現在にあっては必須のものだとは思わない人もいるかもしれない。しかしそれは正しくない。蛍光灯の電源は，発電所がつくっているが，その原料の石油や石炭は，かつて太陽の恵みを受け入れた生物の遺骸が地中の中で気の遠くなるぐらいの時間をかけて形成されたものである。風力や潮力にしたって，太陽の熱エネルギーが地球に降り注ぐ中で出現するものである。

生態系といえば，動植物や微生物の食物連鎖の関係を考えると思うが，より正確にはその中には水や大気などの無生物を含めた物質循環が存在している。この物質循環をつくりだす大元は太陽から発せられる光と熱のエネルギーである。お風呂で湯沸かしすれば，水の対流が生じるように，地球の大気や水の動きは太陽によってつくられ，ヒトの文明社会はその土台の上に成り立っているのである。

第1章の目的は，ヒトとその社会が，太陽の恩恵を受けて生存するということを理解することである。エネルギーが循環することで生存可能な我々の身体，エネルギーが循環することで可能となる食料生産や文明世界のあり方を鳥瞰することで，地球上に生存する人類の存在を理解する立脚点を得たい。

2. 共通言語としてのエネルギー

2-1　30人の奴隷

2012年に映画にもなった『テルマエ・ロマエ』という漫画をご存知だろうか。古代ローマの浴場設計技師が日本の温泉地にタイムスリップするという奇想天外な物語である。技師は産業革命以前の人間なので，電気やモーターを理解できない。それゆえにすべては眼に見えない場所で奴隷が働いていると想像するのである。

ある地球物理学の研究者によれば，現代日本人は一人一人30人の奴隷を使って生活しているという。身の回りに奴隷なんていないし，倫理的にも奴隷制は許されないと思われるかもしれない。これはあくまでエネルギーを用いた比喩である。日本人一人が一日に摂取するエネルギーつまり食事はおおよそ2400キロカロリーであるが，消費する総エネルギー量は平均すると72000キロカロリーとなり，約30倍である。たとえばエレベーターを想像しよう。上下に移動するには自分の足でも可能だが，電気を使っている。この大きさをカロリーに換算し，さらに照明や冷暖房などの形でエネルギー量を蓄積していくと消費エネルギー量になる。『テルマエ・ロマエ』に出てくるような「奴隷」30人が必要なエネルギー量を，一人の人物が現代の日本で生活していくには必要なのである。

　エネルギーを計測するには，栄養はカロリー，電気はワットなどと様々な単位が使われているが，それらは相互に換算することができる。この意味で，エネルギーは人間の存在も含めた動植物と水土風などの関係がどのように繋がっているか示すことができる。しかもそれを数字で表現できるという特徴をもつ（大河内 2012）。多様な精神的活動を行う人間の理解はもちろん物質的側面からだけでわかるとはいわないが，物理学的視点で人間活動を捉えることは，地球におけるヒトの存在を考える上できわめて重要である。

2-2　時代格差と地域格差

　ヒトが生存に最低必要なエネルギー量は年齢や体格，住んでいる場所によって多少は違うがほぼ一定である。国連世界食糧計画（WFP）は一人一日当たり2100キロカロリー（＝エネルギー）が必要だと推奨している。しかしエネルギー消費は時代によっても，場所によっても違っている。エネルギーは食料摂取，家事活動や商業，農耕や工業，さらに

輸送などにおいて必要とされ，現に消費されている。

　図1-1を見てみよう。ある研究によれば，ヒトの祖先であるアウストラロピテクスは一人一日当たり3000キロカロリー消費していた。それが紀元前5000年頃の古代オリエントになると農耕が行われ畜力などが使われることで上昇した。中世ヨーロッパでは輸送が増え，約2万キロカロリーまで上昇した。産業革命後になると工業化が始まり，7〜8万キロカロリーにまで達している。1970年当時のアメリカ人は25万キロカロリーまでなっていた。これは文明が発達すればするほど人類はエ

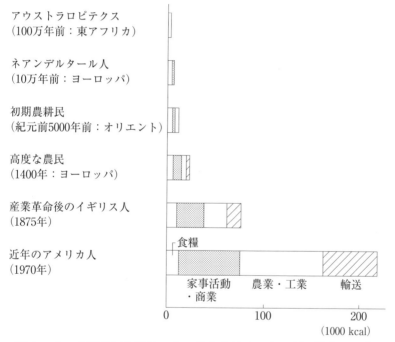

図1-1　人類史における一人一日あたりのエネルギー消費量の変化
　出典：（大塚ほか 2012：171，オリジナルは Cook, E. 1971. The flow of energy in an industrial society. *Scientific America*, 225）

ネルギーを利用＝消費する社会をつくっていることを示している。

　ただ，世界の貧困問題や南北格差に見られるように現代世界ではエネルギー消費は国や地域によって著しく異なっている。1996年のデータでは，たとえばアメリカ合衆国が27万キロカロリーなのに対し，イギリスは13万，韓国は10万となり，中国は2.4万，世界平均だと約5万キロカロリーといった具合である（大塚ほか 2012）。中国の場合，その後経済発展したので現在の値は大幅に上がっているだろう。このエネルギー利用の多寡は，工業化や経済発展の度合いを反映している。いいかえれば先進国は過剰なまでにエネルギーを利用し，「奴隷」を使った生活を送っている。一方で，途上国の中には，十分なエネルギーを消費されない＝栄養不足も生じているというのが現代世界なのである。

3. エネルギー循環の人体と社会

3-1　代謝とダイエット

　茶碗一杯分のご飯，おおよそ150グラムとするとそのカロリーは250キロカロリーである。ダイエットの本などを見れば，いかにカロリーを制限するかの方法が書いてある。エネルギー摂取を減らせばやせるからである。カロリーという単位が意味しているのは，ごく簡単にいえば我々が暮らしている空間（標準大気圧）の中で1グラムの水の温度を1度上昇させるのに必要な熱量である。したがって上記のご飯は，250キログラムの水の温度を1度上昇させることができるエネルギーをもっており，食べるということはその分を摂取することである。このようにヒトの行動はエネルギーの摂取と消費という観点で把握することが可能である。

　エネルギー消費というのはわかりにくいかもしれない。ただ，ヒトは摂取した食物の中の炭水化物，脂質，タンパク質を体内で燃焼させエネ

ルギーを産出する一方で，生命の維持および筋肉を動かすためにそのつくりだしたエネルギーを消費している。代謝とは食べることを通して外部から取り入れた物質をもとに体がエネルギーを生産し，利用するために物質を変えていく過程である。

　我々の身近には食物ごとにカロリーが記された成分表があるし，レストランではメニューごとのカロリー表示があるので，食物の摂取エネルギー量は容易に計測できると想像できる。消費はどうやるのだろうか？人類生態学という人類学の隣接分野の知見では，24時間の心拍数を計測する軽量な機械を被験者に付けてもらい，睡眠や食事，農業活動や遊びなどにおけるエネルギー消費量（身体活動量）を推定できるという。活動ごとのエネルギー消費量がわかれば，その効率を計算することが可能となる。たとえば，農業の場合，収穫物たとえばコメの収穫量からエネルギー生産量を計算する。その上でその数を，コメをつくった耕作者の農業活動に用いた身体のエネルギー消費量で割れば，比が示せるからである。機械がない時代の場合，身体エネルギーのみが生産の原動力である。しかし畜力があり，あるいは機械があれば，それぞれの消費エネルギーが加わる。

　先に人類史におけるエネルギー消費が徐々に増えてきていると述べたのは，人間以外のエネルギーを我々の社会はどんどん取り入れてきたからなのである。機械を導入すると，人間の身体エネルギーの投入は少なくて済む。しかしガソリンの利用というかたちで機械を動かすためのエネルギーは必要であり，結果として農業に必要な全エネルギー総量は著しく増加する。機械を導入することは労働効率をあげる一方で，生産量を消費で割ったエネルギー効率という点で見ると大変非効率だということにもなる。

　エネルギー収支の観点を用いると，ヒトの身体の維持や活動と，その

ヒトが複数集まってつくる社会，さらに食物という点では動植物との繋がり，はたまた動力をつくり出す石油や電気などとも連なるかたちで，我々の社会が成り立っていることが見えてくる。このことはとても大切である。

3-2　社会の中のエネルギーの変換

　高校生の物理の教科書で出てきたエネルギー保存の法則を思い出して欲しい。摩擦のある床でボールを動かすと，しばらく動いた後に止まる。これはボールに与えられた力学エネルギーが熱エネルギーに変換されたために生じる現象である。ボールに加えられたエネルギーの量は熱に変わっただけであり，その総量は変化しないという考え方である。ただそうすると，そもそもボールを動かすというエネルギーはどこから発生するのか，という疑問が残る。ボールを動かしたのがヒトであれば，そのヒトはボールを動かすエネルギーをどこからか得てそれを放出したに過ぎない。そうやって起源をさがしていくと，地球の生命活動を支えるエネルギー起源は太陽に遡ることになる。

　我々が生命を維持し体を動かすことができるのは，食べ物からエネルギーを摂取しているからである。食料は肉・魚と穀類・野菜と分けられるが，動物を支える植物にエネルギーが存在するのは，草葉の緑が光合成によって太陽エネルギーを糖質に変換しその体に蓄えたからである。このようにして生命体に蓄えられたエネルギーは，食物連鎖を通して他の生命体に移動する。もちろんすべてのエネルギーが移動してしまうわけではない。動植物は自らの生命維持と活動のために常にエネルギーを使っている。たとえば，哺乳類ならば自ら取り込んだエネルギーを熱エネルギーに変換し体温を一定に保つ。捕食をするための移動・摂食行動は筋肉運動によって成り立つが，それは運動エネルギーに変わったことなのである。生命体が死ぬと肉体が残るが，その有機体には太陽からも

らったエネルギーはまだ蓄積されており，それが微生物によって分解され，最後には有機体に蓄積された最後のエネルギーが熱となって空中に放出される。ごくごくわずかな部分は複雑な化学反応が起きてそれ以上消化できない化石燃料となって地中に蓄積される。しかしそれ以外は最終的に熱となって地球の表面から宇宙空間に放出されてしまうのである（小池 2011）。

　太陽の恵みを具体的にエネルギーの量として把握してみよう。地球科学者によれば，太陽から 1 億 5000 万キロメートル離れた地球に届くエネルギー量は正確に把握されている。仮に一平方メートルの面積で平均化すると，毎秒約 0.33 キロカロリーになる。これは大きめの角砂糖一個（1.6 センチメートル角）の大きさの氷（4 グラム）を融かす熱量に相当する。地球の断面積はおおよそ 1 億 3000 万平方キロメートルで，地球全体にすると毎秒 41 兆キロカロリーを受け取っていることになる。この量は膨大で，人類のエネルギーの使用総量の一万倍になる。

　こうしてみると人類の社会にとってエネルギー問題など取るに足らないように思われるが，太陽の恵みがヒトにまわってくるまでにはいくつもの過程がある。そもそも降り注いだ太陽エネルギーの多くは雲で反射し大気に吸収され，さらに地表や海面でも反射してしまう。宇宙空間に戻っていくものや大気や海の流れをつくりだすのに消費されるのが大半である。植物が光合成によって自らの体に太陽エネルギーを固定する量は，地表面に届いたうちのわずか 0.1% でしかない。とはいえ，これですら膨大な量で，一年を通して見てみると植物によってエネルギーとして固定化されるのは，おおよそ 72 京（72 兆の一万倍）キロカロリーとなる。この数字は地球上の植物が年間を通して光合成をすることで，太陽の恵みを地球の生命が使えるように変換したいわば蓄えである。これによってすべての生態系は成り立っているのである。

食物連鎖を通してこのエネルギーはどのように循環していくのだろうか。植物が光合成を通して得た 72 京キロカロリーのうち，7.2 京キロカロリーを草食動物が利用する。それ以外は植物の生命維持や再生産に利用されるのである。同様なことは草食動物から肉食動物においても起きる。後者が草食動物を通して得られるエネルギーは 0.72 京キロカロリーである。ちなみに先に国連ではヒトが一日食料から得られるエネルギーの推奨量を 2100 キロカロリーとしていることを述べた。これに現在の人口を掛けると，地球上のヒトの人口維持に必要なエネルギー量となる。それはなんと 0.5 京キロカロリーになる。植物が太陽から固定したエネルギーの約 1% 弱を人類が必要としているのが地球の現状なのである（大河内 2012）。

4. エネルギーの最大消費の起源と石油文明

4-1　エネルギー生産技術としての農業

　700 万年前に出現した人類の祖先は雑食だったといわれる。肉をどう手に入れていたかについては諸説あるが，いわゆる死肉あさりをしていたというのが最近有力な議論となっている（第 4 章 1 節参照）。狩猟や採集で食料を確保する場合，その食べ物となる植物や動物は自然のなりゆきに任せて再生産されているものをヒトは摂食するわけである。それは太陽のエネルギーに端を発するエネルギーの流れ，つまり物質循環と食物連鎖の中にヒトが組み込まれているということを意味している。ヒトが組み込まれていることは現代であっても同様である。しかし，約 1 万年前に始まる農業や牧畜というのは，食べるための穀類や家畜を野生の再生産の過程から切り離したという点に注目する必要がある。田んぼは畝を整備し区画をつくり，その周りには水路を築く。その中では稲以

外の様々な生き物が生息するが，その環境は明らかに野生の環境とは異なっている。これは，太陽エネルギーが拡散していく流れに対して，ヒトの介入なしでは存在しないような系を，独自につくりだしたことを意味している。農業や牧畜が人類社会にとって重要なのは，従来と比べてエネルギー利用の質と量を根本的に変えたためである。もちろん太陽から発する地球の物質循環全体を変えたわけではない。ただ独自のエネルギー拡散の仕組みをつくることで，穀類や家畜という自らが消費するための食べ物＝エネルギー源をつくりだした点で重要なのである。

　農業はヒトが生存していくために編み出した技術の代表的なものである（6章参照）。その中でヒトは，まず作物が生育可能な土地を見つけ出し，耕し，肥料を入れるなどした後に，種を蒔く。その後は，時々は水をやったり雑草を抜いたりするかもしれないが，基本は収穫まで待ち，獲得した食料を家へ運搬し，食べる。この過程でヒトが独自に行ったのは，居住地と畑の往復と移動や運搬，また種や肥料を植えたり，雑草を引き抜くという意味で元々その場所になかったものを近づけたり遠ざけたりするという意味での移動である。種が芽を出し光合成を行いながら生長するのは植物自体のエネルギー利用に任せている。人間の技術とはそうしたすでに存在している多様な物質循環の中から，ヒトの生存にとって好ましい特定の流れを見いだし，それを強化あるいは拡張するように働きかけることである。ほっておいても自然に進行するエネルギー拡散の流れを，積極的に消費しやすいように別の流れに変えること，これが技術である。ここで大切なのは，農地を認識しまた収穫物を得るために投資される移動と運搬，つまり動力源が求められるということである（槌田 1982）。

　対象を認識し，運んで移動するという行動は人類の文化の根源に関わるものである。ある人類学者は背負うとか頭にのせるといった身体を

使った運搬つまり人間そのものを道具化することから始まって，ブーメランや農機具が身体の延長となるという意味で道具の人間化が次いで起こり，さらに機械による道具の脱人間化というプロセスの中で運ぶことの人類史的意義を考える必要性を訴えている（川田 2014）。

　先に見たように人類史とは，エネルギー利用の拡大史であった。確かにヒトの人口は80億を超え，地球上分布していない場所はないという意味では巨大な個体群でもある。ただ人口の観点からだけでは，ヒトが太陽の恵みに由来するエネルギーの巨大な消費者であることの理由は説明できない。ヒトは，植物や動物以外の，たとえば石・金属・土・水さらに風や波の流れなどといった無生物も含めた物質循環の中で変換し続けているエネルギーも利用している。石炭や石油もまたそうした中の一つである。これらを総動員するかたちで「動力源」の拡張を行ってきたのだ。それが人類史の本質である。

4-2 蒸気機関の発達と石油文明

　近現代社会の起源に，18世紀の蒸気機関の発明とこれに続く産業革命があることはだれしも異論がないだろう。蒸気機関は，従来のヒトの社会には存在しなかった動力エネルギーをつくりだした。技術における移動・運搬能力が飛躍的に拡大したのである。これを実現させたのは，石炭という鉱物資源である。ヒトは鉱物に保存されていたエネルギーを取り出し，利用できる術を身につけたということになる。

　人類史を紐解くと，石炭・石油いずれもその鉱物資源の発見は意外と古い。しかしその利用はほとんど暖房用の熱源だった。蒸気機関が発明されることで，鉄道や機械制工業の発生に繋がったが，この段階で，石炭の資源としての意味が大きく変わったのである。石油の場合，精製技術の確立が必要で，19世紀になるまで熱源以外の利用はほとんどされ

なかった。しかし，それが実現した後は石油の資源の社会的意味は大きく変わった。原油から灯油を精製する過程で発生する揮発油＝ガソリンを動力化した内燃機関は自動車や飛行機を生み出したからである。さらに石油化学の発展によってプラスチック製品が誕生した（室田 2006）。

　こうした過程は，従来の太陽エネルギーに基づく地球上の物質循環とは異なるエネルギー拡散の系を，鉱物資源をつくってヒトがつくりだしたことを意味する。巨大な動力源を手に入れたヒトの社会は急激に変化した。さらに従来の生態系では分解できないプラスチック製品の存在は，ヒト以外の地球の物質的環境そのものを変化させているのであった。

5. エネルギーと文化

　文化人類学の中でエネルギーと物質循環の問題に積極的に取り組み，人間の社会と文化を理解しようとした先達がいる。1950年代に活躍したアメリカの人類学者レスリー・ホワイトである。文化人類学の学説史では新進化主義者として知られるが，現在では，隣接分野の生態人類学の中で時折その理論的考え方が紹介されるぐらいである。

　ホワイトは，文化を進化という観点で着想し，エネルギー消費量を量的に分析することで，社会の発達段階を科学的に把握できると考えた。そしてエネルギー消費量の増加が社会の進化であると主張した。当時も，そして今も文化人類学者の基本的立場は文化相対主義のもとで諸文化の固有の価値を解明しつつ，そこに見られる人類の普遍性を探求することである。そうした中ではホワイトの過度に物質主義に立脚した議論はほぼ忘れ去られたといってもよい。しかしこれまで本書を読んできた読者は別の角度からこの考え方を再解釈することができるのではないだろうか。

　実際，ホワイトによる文化の定義は興味深い。「文化とはエネルギー

変換におけるある特定の組織化であり，象徴化に依存する」。彼は，文化を熱力学体系に関連させて理解することの大切さを主張している。すなわちヒトの世界には，エネルギーの流れがあるという認識から出発する。エネルギー変換を行う手段として道具があり，その結果，エネルギーの文化的表現が人間のつくりだすものと考えるのである。したがって，文化システムの差異とは，エネルギーを動力化する仕組みの違いに還元して説明できると考える。ゆえにエネルギーの動力化を量的に把握し，その上で消費（支出）を年間一人当たりで換算し，量的に表現できると主張する。物質循環を含めてヒトの社会の物質的基盤に接近する方法は，伝統と工業化をエネルギー消費の観点から連続的に捉えるという点も着目していいだろう。

　ホワイトの議論の欠点は，容易に想像つくように過度に物質主義であり，外側からの視点であることだ。たとえば宗教や儀礼のもつ意味的世界を理解することはできない（9章参照）。個人がある文化に生まれ，どのようにそれを身につけていくかや，アイデンティティや社会的紐帯などについては理解不能である。しかしながら，地球上で太陽の恵みを受けて生存しているヒトの存在が他の生物と基本的には同じ枠組みであり，と同時にどこから異なるのかを理解する上では根源的な認識の基盤を提供する。また，地球環境問題など現在の人類が直面する問題を理解する上で必要な枠組みに親和的である。何よりも他の社会科学や自然科学と共同して，ヒトの存立を理解する土台を提供しているのではないかと思うのである。

　本書は，文化人類学と自然人類学を総合する総合人類学の基本的考えを伝えるために編まれたものである。その意味では，人類の歴史と文化の多様性，そして環境問題を理解するヒト学の最初の章として，エネルギー連鎖の中でヒトの存立基盤を理解することの重要性を強調しておき

たい。

引用文献

大河内直彦『「地球のからくり」に挑む』(新潮新書 2012 年)
大塚柳太郎ほか『人類生態学［第二版］』1 章.12 章 (東京大学出版会 2012 年)
川田順造『＜運ぶヒト＞の人類学』(岩波新書 2014 年)
小池康郎『文系人のためのエネルギー入門―考エネルギー社会のススメ』(勁草書房 2011 年)
槌田敦『資源物理学入門』(日本放送出版協会 1982 年)
室田武『エネルギー経済とエコロジー』(晃洋書房 2006 年)

もっと学びたい人のために

真家和生『自然人類学入門―ヒトらしさの原点』(技報堂出版 2007 年)
室田武『エネルギーとエントロピーの経済学』(東洋経済新報社 1979 年)
本文で紹介したレスリー・ホワイトの文献は，日本語には翻訳されていない。関心がある人は以下の英文に挑戦してみよう。
White, L. 1959 *The Evolution of Culture.* New York：McGraw-hill Book Company

1. なぜ現代人は 30 人の奴隷を使って生活していると考えることができるのだろうか。
2. なぜ農業はエネルギーを生産しているといえるのだろうか。また化学肥料や機械を使う現代農業をどのように考えることができるだろうか。

2 │ 文化としてのドメスティケーション

梅﨑　昌裕

《目標＆ポイント》 現在，私たちの生活で，畑でとれた野菜や家畜の肉を食べることはあたりまえとされている。しかしながら，人類が植物や動物をドメスティケート（栽培化・家畜化）したのは，ごく最近のことである。ドメスティケーションによって植物や動物はどのような特徴をもつようになったか，そしてドメスティケーションによって人類の生活はどのように変わってきたのかを理解しよう。

《キーワード》 栽培化された植物，家畜化された動物，エネルギー効率，改変された生態系

1. 食べ物は誰がつくるのか

　みなさんは，ふだん食べるものが，どこでどのように生産されたものかを考えたことがあるだろうか。米，小麦，トウモロコシ，イモ類などの炭水化物を多く含む食べもののほとんどは，人間が田んぼや畑で栽培したものである。例外は自然薯（じねんじょ）で，これは山の中に自生するヤマイモの仲間であり，人間が栽培したものではない。では，野菜はどうだろう。キャベツ，レタス，ニンジン，ジャガイモなど，スーパーで売っている野菜は，やはりほとんどが畑で栽培されたものである。一方，山菜（ワラビやゼンマイなど）は野山で採集される植物であり，キノコやタケノコの中にも野生のものがある。ウシ，ブタ，ニワトリなど動物性食品も，そのほとんどは人間が飼育した家畜であり，ふだんの食事には野生の動物はほとんど登場しない。対照的に，食卓にのぼる魚貝類の中には，養殖

ではない天然の魚，エビ，カニ，貝類などがよく見られる。

　このように見てくると，現代社会では，栽培された植物，飼育された動物を食べるのがあたりまえであることがわかる。しかし，昔の人類が食べていたのは，そのすべてが野生の植物と動物で，栽培と飼育という技術が発明されたのはわずかに1万年より少し前のことである（ベルウッド 2008）。1万年前というとだいぶ前のことのように感じるかもしれないが，人類の誕生はおそらく700万年よりも前，私たちと同じ種であるホモ・サピエンスが誕生したのは20万年前といわれている。それに比べれば，栽培と飼育という技術の発明は，人類の歴史の中でもごく最近の出来事であるといえる。なお，章のタイトルにある「ドメスティケーション」とは，人間が野生の植物や動物を，栽培化された植物，飼育化された動物に変えてきたプロセスを指す言葉である。この章では，栽培と飼育という技術が人間の生存にどのような影響を与えたのか，それが現代の人間集団のあり方にどのように繋がるのかについて学習する。

　本論に入る前に言葉の定義を行っておきたい。人間が食べ物を手に入れる行動を指し示す言葉は，その食べ物が植物か動物か，それが自然環境下にあるか人為的な環境下にあるかという二つの変数によって整理される。自然環境下にある植物を利用する行動は採集，自然環境下にある陸生動物をつかまえる行動が狩猟，そして自然環境下にある魚貝類などの水棲動物をつかまえるのが漁撈である。人為環境下で植物を植えて育て収穫する行動が栽培，人為環境下で動物を再生産するのが飼育，そして人為環境下での魚貝類を増やすことを養殖とよぶことにする（表2-1）。栽培や飼育の対象となる植物や動物が，それぞれの野生種とは大きく異なる特徴をもつのに対して，養殖される魚貝類はドイツゴイなど一部の例外を除いて野生と同じものである。ただし，魚貝類の中でも，ニシキゴイ，キンギョなどの淡水魚で愛玩の対象となるものには，野生種

とまったく異なるみかけのものもある。

表2－1　人間が食物を手に入れる行動の分類

食物の種類	自然環境下	人為環境下
植物	採集(注)	栽培
陸生動物	狩猟	飼育
水棲動物	漁撈	養殖

（注）採集という言葉は，昆虫などの小型の陸生動物を集める際にも使われることがある。

出典：（大塚他 2012：36）

2. 植物のドメスティケーション

2-1　栽培化された植物

　植物を栽培するためには，栽培に適した植物（栽培化された植物という）と，それを栽培する技術が必要である。栽培化された植物は，もととなる野生の植物から人間がつくりだしたものであり，それを利用する人間にとって都合の良い特徴を備えている（星川 1994）。たとえば，米や麦などの穀類は，それぞれの野生種に比べてたくさんの実をつけ，一つ一つの実が大きく，成熟した実が脱粒しにくい。これらの特徴によって，一つの種（たね）からより多くの実を生産し，それを人間が効率的に収穫することが可能となっている。サツマイモやタロイモなどのイモ類は，食味がよく，繊維の少ない大きな実をたくさんつくる。キャベツや小松菜など野菜といわれるものは，ただゆでただけでも甘みや風味など，それぞれにおいしさを感じることができるが，オオバコなどの野草をゆでてみると，繊維が多く苦みがあり，あまりおいしいものではない。

　興味深いことに，栽培化された植物が備える人間にとって都合のよい特徴は，ほとんどの場合，植物の生存にとっては不都合な特徴である。

脱粒しにくいということは，成熟した種が散乱しない状態でかたまって存在するということであり，種が広く環境中にばらまかれるチャンスが少なくなり，また動物に食べられてしまうリスクが高くなるだろう。また，繊維質が少なくやわらかいということは，虫や動物から食べられてしまうリスクを高めることになるだろう。栽培化された植物は，植物がその生存を可能にするために有していた特徴を失った状態にある（写真2－1）。

写真2－1　栽培植物であるアワ（左）と，その原種ではないかと考えられているエノコログサ（右）。
（梅﨑昌裕撮影）

したがって，栽培化された植物は，自然の中では生きていけない。柵に囲まれ動物の侵入を許さない畑という環境で，土壌の栄養素や太陽光線をめぐる競争関係にある雑草を人間に排除してもらいながら，成長に必要な栄養素と水を与えられてこそ生きていけるのである。栽培化された植物が生きていけるような環境をつくること，そのような栽培の技術の体系を農耕という。ここでは，農耕を，現代農業の技術を利用したものと，在来の知識や技術に立脚したものとに区別し，前者を現代農業，後者を在来農耕とよぶことにする。

2-2　農耕の類型化

　現代農業と在来農耕には，栽培化された植物が成長できる環境を確保し，成長した植物を収穫するという共通点がある一方で，栽培化された植物が成長できる環境を確保する手段に大きな違いが見られる。現代農業では，農学という学問分野において開発された様々な製品，たとえば栽培化された植物の成長には影響を与えないものの雑草の成長を阻害する除草剤，栽培化された植物の成長に不可欠な栄養素をバランスよく含有する化学肥料，栽培化された植物を餌とする虫を殺す化学物質などの使用が前提となっている。また，耕起，収穫などでの人間の労働負荷を軽減するために，農業機械が使われることも多い。近年では，バイオテクノロジーの発展を背景として，作物としての性能（生産性，食害耐性など）が飛躍的に高められた植物が栽培されるようになっている。現代農業を構成する植物，化学物質，機械の使い方はマニュアル化され，地球上のそれぞれの環境において，栽培に適した作物は何か，その作物の成長に必要な化学物質と機械は何かということが，農学という分野として体系化されている。農学の技術は，誰もが学ぶことができるという意味において，グローバルなものである。

　対照的に，在来農耕のあり方は基本的にローカルである。通常，栽培化された植物には，同じ種の中にたくさんの品種が維持されていることが多く，品種ごとの性質の違いが人々に認識され，しかもたくさんの品種を維持することが在来農耕の持続性にとって何らかの意味をもっていることが多い。それぞれの植物がどのようにすればうまく育つかということについては，それぞれの社会ごとの知識が存在するが，それはマニュアル化されたようなものではなく，個人による考え方の違い，経験による上書きなどを許容する体系として存在している。天候不順や虫害などによって，投入した労働量に見合う作物の生産が達成できない場合もあ

る。

　在来農耕のあり方としてもう一つ大切なことは，在来農耕が社会の中の多様な文化的行為との繋がりをもっているということである．たとえば，在来農耕を成り立たせるための在来知識（indigenous knowledge），協業と分配をめぐる規範，植え付けや収穫など耕作の節目に行われる儀礼，あるいは植え付けや収穫のタイミングを示す暦など，在来農耕はそれぞれの社会における文化体系の重要な部分を形成していることが多い．これは，外部の指導により成り立ち，外部に供給することを前提とした作物の生産を行うなど，現代農業が社会にとって外的な特徴をもつ傾向にあるのと対照的である．

2-3　現代農業と在来農耕の対比

　ここまで説明してきた現代農業と在来農耕の違いを理解するために，一つ例を挙げよう．表2—2は，パプアニューギニア高地と日本の関東地方で行われているサツマイモ栽培の特徴を対比させたものである．パプアニューギニア高地で行われているサツマイモ栽培は在来農耕に分類されるもので，畑の周りにサツマイモの生産性に寄与する葉を落とすと考えられている樹木を植え，また乾かしてすき込むことでサツマイモの生産性に寄与すると考えられている草本を畑の中に繁茂させる．たくさんの候補の中からどの樹木と草本を選択するかはそれぞれの個人の判断であり，耕作者によって畑に植えられる樹木や繁茂する草本の種類は大きく異なる．このような植生の管理によるサツマイモの生産性の維持という行動は，不足する栄養素を肥料で補うという現代農業の考え方とは対照的である．農林水産省の『作物統計』によると，土地当たりの収穫量は，日本の関東地方がパプアニューギニア高地の一番肥沃な畑に比べても約2倍である．パプアニューギニア高地のサツマイモが基本的に耕

作者とその家族，家畜によって消費されるのに対して，関東地方で生産されるサツマイモは流通システムを経由して首都圏の人々に広く消費される。

表2－2　在来農耕と現代農業の対比

	パプアニューギニア高地 （1990年代）	日本・関東地方 （2010年代）
栽培される品種	10種類以上	主にベニアズマ
土壌の形状	直径3メートルのマウンド	高さ30センチの畝
土壌への栄養素の供給源	樹木と草本の管理	化学肥料・有機肥料
1haあたり収穫量	500〜1300kg	2300〜2500kg
主な消費者	耕作した本人と家族・家畜	首都圏に居住する人々

出典：筆者作成

　栽培についての説明の最後に，現代農業と在来農耕に関わる人間の労働投入量の違いについて，いくつかデータを紹介したい。表2－3には，1ヘクタールの農地を，人間が鍬を使って耕す場合と，50馬力のトラクターを使って耕す場合のそれぞれについて，必要な時間，人間のエネルギー投入量，人間と機械の合計投入エネルギー量が示してある。本稿の定義にしたがえば，人間が鍬を使って耕すのは在来農耕でよく見られる方法であり，50馬力のトラクターを使って耕すのは現代農業の区分に含まれる。1ヘクタールの農地を耕す時間および人間の投入エネルギーは，人間が鍬を使う場合，トラクターを使う場合のおよそ100倍必要であることがわかる。おもしろいことに，人間と機械の合計投入エネルギーは，トラクターを使うと人間が鍬を使う場合の2.5倍必要となる。

表2-3 1ヘクタールの土地を耕すために必要な時間とエネルギー

	時間	人間が費やす エネルギー	人間と機械が費やす エネルギー(注)
人間が鍬を使って耕す	400時間	194,000 kcal	200,000 kcal
50馬力のトラクターで耕す	4時間	2,400 kcal	553,991 kcal

（注）人間と機械が費やすエネルギーには，機械を動かすための燃料エネルギーのほか，道具や機械を製造するために使われたエネルギーも含む。
（出典：Ellen R. *"Environment, Subsistence and System : The Ecology of Small-Scale Social Formations"* (Cambridge University Press, 1982)，137頁を改変）

　現代農業の成立は，化石燃料をエネルギー源とする産業革命以降の様々な技術の発達を背景としている。産業革命によって，世界各地では，在来農耕が，人間の投入する時間とエネルギーが少なく，安定的で生産性の高い現代農業にとって替わられてきた。在来農耕から現代農業への転換は，人口増加にともなう食料需要増加への対応を可能にし，食料の安定供給に大きな意味があった。一方で，現代農業での食料生産に必要な全体のエネルギー量は在来農耕よりも大きく，在来農耕から現代農業への置き換わりは地球環境への負荷を増大させる側面もあっただろう。また，在来農耕が社会に埋めこまれていることを考えれば，在来農耕から現代農業への転換は在来農耕に裏打ちされていた様々な文化の消滅に繋がった可能性もある。

3. 動物のドメスティケーション

3-1 飼育化された動物

　人間に飼育され，人間の役に立つ動物を，飼育化された動物とよぶ（この章では，ニワトリをはじめとする鳥類，ミツバチなどの昆虫，金魚などの魚類も動物というカテゴリーに含めて話をすすめる）。そこには，肉や乳，毛，皮，労働力，輸送力を提供するウシ，ウマ，ブタ，ヒツジ，ニワトリなどの家畜，イヌやネコ，ハムスターをはじめとする愛玩動物が含まれる。動物園で飼育されている動物も，人間の好奇心を満たし，動物の生態についての教育活動に役立っているが，そのほとんどは基本的に野生種と同じ性質をもっているため，ここでは飼育化された動物とは区別して考えることとする。

　飼育化された動物は，それぞれの野生種に比較すると，人間の役に立つ能力が強化され，人間にとって望ましくない性質が弱められる方向に変化している。すべての飼育化された動物に共通するのは，人間に対する攻撃性や警戒心が少なく，人間とうまくやっていけるような穏やかな性質をもっていることである。また，いくつかの例外はあるものの，基本的には人間の利用できないものを食べて生存することができる。たとえば，ウシやウマ，ヒツジは人間の消化できないセルロースを含む草本を主食とし，ブタは人間の排泄物，残飯などを食べて生きることができる。ウシやブタ，ニワトリなど人間に肉や脂を提供する動物は，それぞれの野生種に比較すると臭みが少なく，柔らかく，大きな筋肉・脂肪組織をもつ。イヌやネコなどの愛玩動物は，飼い主になつき，人間がかわいいと感じる仕草をする。また，一般的に飼育化された動物は，その野生種に比べてたくさんの仔を産む。

　また，飼育化された動物は，その再生産（子どもをつくり，育てるこ

と）が人間によって管理されていることが多い。ニワトリの産んだ卵をそのまま食べるか，それとも孵(かえ)して親鳥に育てるか，メスウシと交配させるオスウシをどれにするか，産まれた子ウシを若い段階で肉にするのか，それとも親ウシまで育てるのか，いずれも動物ではなく飼育する人間に決定権がある。

　さらに，飼育化された動物は，人間が準備した餌を喜んで食べ，人間の目の前で子どもを産む。これは，飼育化されていないほとんどの動物にはあてはまらないことである。世界中の哺乳類や鳥類のうち動物園で飼育可能なのはおよそ1割にすぎない（小宮 2015）。身近な例でいえば，家畜であるイエウサギが人間によって容易に飼育されるのに対して，日本の野山で見ることのできるノウサギは動物園ですら飼育することができない。

3-2　飼育化された動物の利用

　栽培化された植物と同じく，飼育化された動物は，人間のつくった構造物（柵，檻など）によって外敵と隔てられ，成長に必要な食料を人間に与えられて育つ。攻撃性，極端な警戒心などそれぞれの野生種が自然環境の中で生存するのに不可欠であった特徴は消失しているため，一般的に完全な自然環境下での生存は困難である。

　飼育化された動物の人間にとっての主たる用途，およびそれぞれに対応する動物の例を表2－4にまとめた。ここに示した以外にも，優れた嗅覚によって狩猟で活躍するイヌ，角が漢方薬の材料になるトナカイ（中国東北部）など，特異的な特徴によって人間の役に立つ動物も多い。中国で鵜飼いに使われるカワウのように，人間によって繁殖されるものの，あえて野生性を残すように飼育されるものもいる（卯田 2014）。

　表2－4に示した飼育化された動物の用途のうち，特に，財産という

表2－4　飼育化された動物の人間にとっての用途

主な用途	飼育化された動物の例
食べ物	ウシ，ブタ，ヒツジ，ヤギ，ウマ，ニワトリ，イヌ，ウシガエル，セイヨウミツバチ，ドイツゴイ，イエウサギ，トナカイ
道具や服の材料	ウシ，ブタ，ヒツジ，ヤギ，ウマ，リャマ，アルパカ，トナカイ，カイコ
労働力・輸送力	ウマ，ウシ，スイギュウ，ラクダ，トナカイ，イヌ
愛玩・実験の対象	イヌ，ネコ，ハツカネズミ，キンギョ，ニシキゴイ，テンジクネズミ
威信財	ウシ，ウマ，ラクダ，ブタ，スイギュウ，トナカイ

（注）ほとんどの飼育化された動物は，複数の用途に用いられる。たとえば，ウシは食べ物になるだけでなく，運搬や農耕にも用いられ，皮がベルトや上着，靴の材料になる。さらには，闘牛に使われ，多くの社会では財産とみなされている。したがって，この表に記載されているのはそれぞれの動物の主たる用途のみであることに注意が必要である。

出典：筆者作成

　用途について，説明を加えておこう。飼育化された動物は，生まれてから大きくなるまでに人間の絶え間ない世話を必要とするために，その労働投入量に相当する価値を有する財産となりうる。また，大きく成長したウマやウシ，ブタ，ラクダなどは，それを所有することが社会の中での威信（それをもっていることが個人の名声に繋がること）となることが多い。

　著者が調査を行ったパプアニューギニア高地社会では，ブタが重要な家畜となっており，結婚あるいは戦争で死亡した個人の補償などの場面において，集団間でたくさんのブタがやりとりされる（梅﨑 2007）。同じブタでも，屠殺して肉として売られる場合と，生きたまま売られる場合では，後者のほうがはるかに高い値段で取引される。このことは，こ

の社会のブタが肉を食べる家畜としての価値に加えて，交換財としての価値を有することを示している（写真2-2）。

写真2-2　戦争の終結にともない，ブタを石蒸し料理にするために解体しているところ。大きなブタを拠出することで男は名声を得ることができる。
（梅﨑昌裕撮影）

3-3　飼育化された動物が人間の生活に与えた影響

ここまで説明してきたように，飼育化された動物の中でも家畜とよばれるものは，人間の利用できない資源を食べて成長し，人間に肉や乳，労働力などを提供する。表2-3に挙げた1ヘクタールを耕すために必要な時間を例にとれば，2頭立てのウシに鋤を引かせて耕した場合，人間が鍬で耕す場合に比べておよそ6分の1の時間で仕事が完了するとされている。また，アニマルセラピーの効果についての研究がすすみ，愛玩動物が人間のパートナーとして人生を支える存在になりうることが報告されている（横山1996）。

一方で，近年になって，飼育化された動物の存在が，人間の罹患する感染症の流行に大きな影響を与えていることが知られるようになった。

ウイルスや細菌の中には，人間と飼育化された動物のどちらにも感染するものがある。一般論として，生物は高密度で存在すると個体間の接触が増え，ウイルスや細菌などの感染症が拡がりやすくなる。特に産業革命以降，都市という高密度居住空間に住む人間の割合は増加を続け，現在は世界人口の半分以上が都市に居住するようになった。それにともなう感染症の拡大リスクを避けるために，人間社会では，強い病原性をもつ細菌を対象にした予防接種，個人あるいは集団レベルの予防行動の徹底がはかられている。一方，飼育化された動物は，檻や柵で囲まれた空間において高密度で飼育されることが多いため，感染症に罹患するリスクが高く，人間で実施されるような感染症対策が行き届かない国や地域も多い。結果的に，飼育化された動物で感染が拡大したウイルスや細菌が，人間にも感染する事例が近年大きな問題となっている。特に，飼育化された動物には症状を起こすことなく感染するにもかかわらず，人間には重篤な症状を引き起こすタイプのウイルスや細菌は，感染した動物を判別するのが難しいためにコントロールが難しい。人の衛生，家畜の衛生，環境の衛生の関係者が連携して対策に取り組むべきであるという考え方は"One Health"という言葉で理念化され，それに関わる国際会議も開催されるようになっている。

4. まとめ：ドメスティケーションの捉え方

　本稿で説明してきた植物の栽培化と動物の飼育化は，ドメスティケーションというプロセスである。ドメスティケーションは，生態系の一員として，他の生物と同じように，被食－捕食の関係の中で生きていた人間が，他の生物を自分の都合のよいようにコントロールして，生態系の構造を人為的に改変した現象といいかえることもできる。ドメスティ

ケーションによって，人間の生存は相対的に容易になり，人口増加率はそれまでよりも高い水準になった。そういう意味で，ドメスティケーションは，人類史の中でも大きな発明の一つであるといえるだろう。

　人類によるドメスティケーションの試みは，およそ1万年前から現在まで継続して続いている。メンデル遺伝学に基づく品種改良や，雑種強勢によるハイブリッド品種の創出，ひいては近年の遺伝子組み換え作物の製造もドメスティケーションの一つのプロセスとして考えるのが適当だろう。ドメスティケーションの目的は，人類にとって都合のよいような動植物の改変であり，それは結果として今日の人類の食生活や労働のあり方に大きな影響を与えてきた。すなわち，より少ない労働投入により，よりおいしいものが食べられるようになることで，人口に占める肥満者の割合が増加し，身体活動の不足によって引き起こされる疾患の有病率が上昇した。現代の人類がかかえる問題の中には，ドメスティケーションの恩恵とひきかえに生じてきたものがあるのではないだろうか。

引用文献

卯田宗平『鵜飼いと現代中国―人と動物，国家のエスノグラフィー』（東京大学出版会 2014 年）
梅﨑昌裕『ブタとサツマイモ』（小峰書店 2007 年）
大塚柳太郎ほか『人類生態学［第二版］』（東京大学出版会 2012 年）
小宮輝之「家畜化の条件」松井章（編著）『野生から家畜へ』（ドメス出版 2015 年）
ベルウッド, P., 長田俊樹・佐藤洋一郎監訳『農耕起源の人類史』（京都大学学術出版 2008 年）
星川清親『栽培植物の起源と伝播，増補版』（二宮書店 1994 年）
横山章光『アニマル・セラピーとは何か』（日本放送出版協会 1996 年）

もっと学びたい人のために

江頭宏昌（編）『人間と作物：採集から栽培へ』（ドメス出版 2016 年）
周達生『民族動物学：アジアのフィールドから』（東京大学出版会 1995 年）
ダイアモンド，J.，倉骨彰訳『銃・病原菌・鉄——一万三〇〇〇年にわたる人類史の謎（上）（下）』（草思社 2000 年）
山内一也・北潔『〈眠り病〉は眠らない——日本発！アフリカを救う新薬』（岩波書店 2008 年）

1. ドメスティケートされた生物は，その野生種に比べてどのような特徴をもっているか。植物と動物のそれぞれについてまとめてみよう。
2. ドメスティケーションによって，人間の生活はどのように変化しただろうか。労働時間，食生活，感染症，健康など，それぞれの側面から自分なりに整理してみよう。

3 | からだの進化

梅﨑　昌裕

《目標＆ポイント》　私たち人類は，ホモ・サピエンスという一つの生物種である。ホモ・サピエンスはおよそ20万年前にアフリカ大陸で進化したと考えられている。その後，一部のグループはアフリカ大陸を離れ，地球の全域に拡散していった。その中で，自分たちが進化したアフリカ大陸とは異なる環境条件への適応を迫られた。この章では，ホモ・サピエンスが暑さや寒さなどの環境条件に対処するメカニズムと，様々な環境への適応が人類集団の生物的な多様性につながっていくメカニズムについて学ぼう。
《キーワード》　暑さ，寒さ，栄養適応，身体的特徴，人類の多様性

1. なぜ人間のみかけは多様なのか

　他の国を旅すると，自分とは異なる顔かたち・体つきの人々に出会う。背の高さ，髪の毛や瞳の色，肌の色，骨格，鼻の形など，様々であると感じる（写真3－1）。地球上に暮らす人間は，全員がホモ・サピエンスという同じ種の生物でありながら，顔かたち・体つきがこれほどまでに多様になったのはなぜなのだろうか。なお，「他の動物の顔かたちや体つきに比べて，ホモ・サピエンスの顔かたちや体つきに私たちが関心をもつのは当然であり，それが多様であるというのは主観的な判断にすぎない」という批判もあるだろうが，それはここではおいておくこととする。
　本論に入る前に，他の動物と異なる人類の生態学的な特徴を指摘しておきたい。一つめは，地球上のあらゆる場所に暮らしていることである。

写真3－1　19世紀後半のドイツ人画家，Gustav Mützel の石版画（提供：ユニフォトプレス）

ホモ・サピエンスが定常的に暮らしていない陸域は，南極大陸と極端に乾燥した砂漠地帯，そして標高 5000 メートル以上の高山帯くらいである。それ以外の陸域には，降水量，気温などの気候条件にかかわらず，あらゆる場所に人間が暮らしているといってもよい。これはあたりまえのことのように感じるかもしれないが，アフリカゾウやキリンはアフリカに，オランウータンは東南アジアにというように，ほとんどの哺乳類は固有の生息地域をもっている。

　二つめは，何でも食べることである。みなさんも，捕まえた虫や動物を家で飼おうとして，餌は何をあげたらいいだろうと困ったことがあると思う。アゲハチョウの幼虫に鰹節をあげても食べないし，カブトムシがバッタを食べることもない。ライオンはキャベツやホウレンソウを食べない。対照的に，私たちは，鰹節，バッタ，キャベツにホウレンソウなど，なんでも食べる。人類のこの雑食性がそもそもホモ・サピエンスという生物の特徴なのか，それとも人類史の中で獲得してきた特徴なの

かはわからないものの，結果的には地球上の様々な自然環境で生きることのできる基本的な条件となっているのは間違いない。

多様な顔かたち・体つきの人類が，地球上のあらゆるところに，それぞれの地域で生産される植物や動物を食べながら生存している。この事実を認識し，それがどのような経緯で成立したのかという疑問をもつことは，人間が他の生物とどのように異なっているかという本源的な問題を考えるうえで有効なことである。本稿では，まずこの事実と疑問について説明していこう。

2. ホモ・サピエンスの進化と出アフリカ

図3-1は，最初の人類である猿人から私たち現生人類（ホモ・サピエンス）がどのように進化してきたかを示す概念図である。この図からわかるように，進化のプロセスで，たくさんの新しい人類集団が生まれ，そして絶滅した。ホモ・サピエンスは，たくさんの人類集団の中で今日まで生き残った唯一のものである。

人類の始まりは，猿人がアフリカ大陸で二足歩行を始めた700万年以上前に遡る。人類がなぜ二足歩行を始めたのかの解明は，人類学にとっての永遠のテーマである。これまでに提案されている説の中では，二足歩行はものを抱えながら移動するのに便利であった，もしくは棒などの道具を使うのに便利であったなどが有力である。そのほかにも長距離を移動するのに四足歩行よりも効率的であるという説もある。贈り物を手渡しをすることによって，オスがメスと結ばれる可能性が高まったことが，人類が二足歩行をするようになった要因とする説もある。

猿人は，人類のグループに分類されているとはいえ，脳容量が小さく，足に把握力があり，また体毛が全身を覆っており，現在の私たちとはず

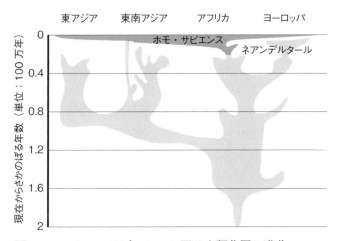

図3-1 ホモ・サピエンスに至る人類集団の進化
出典：(Nature 431, 1043 (2004).[1]

いぶん異なる姿だったと想像されている。その後，猿人の一つのグループであるホモ・ハビリスが原人に進化した。ホモ・ハビリスがほかの猿人と異なっていたのは，ほかの猿人が堅果や植物の根っこなどを丈夫な歯を使って食べていたのに対して，それらよりもやわらかい肉を食べるようになったことである。それにより，頭蓋骨の巨大化を妨げていた咀嚼筋が小さくなったと考えられている。おそらくはその結果として，脳が大きくなり，ほかの猿人グループが絶滅する中で，唯一，原人へ進化することができたのだろう。

　ホモ・ハビリスから進化した原人はアフリカ大陸を出て，現在の中東からヨーロッパ南部，北東アジア，東南アジア島嶼部まで拡がった。かつては，それぞれの地域に暮らしていた原人から現生人類であるホモ・

---

[1] Reprinted by permission from Macmillan Publishers Ltd: Nature, 431, M.M. Lahr, R. Foley, Palaeoanthropology: Human evolution writ small, 2004 Arranged through Japan UNI Agency., Inc. Tokyo

サピエンスが進化したという説(多地域進化説)が有力であったが，現在では，アフリカ大陸で原人がホモ・サピエンスに進化したのち，地球上に拡散したというのが定説となっている(単一地域進化説)。

アフリカ大陸でのホモ・サピエンスの誕生は今から20万年前と推定されており，およそ10万年前にその一部のグループがアフリカを出て，中東を通り，ヨーロッパ，北東アジア，東南アジアへと拡散した。そのとき，先住者であったネアンデルタールなどの人類集団とは一部混血した痕跡があるものの，基本的には先住者集団とおきかわりながらホモ・サピエンスはその居住地を拡げたと考えられている。

地球の中で，ホモ・サピエンスが定住するようになる時期が遅かった場所は，アメリカ大陸とオセアニアの島々である。アメリカ大陸に行くためには，ユーラシア大陸の北東部を目指して北上したうえでベーリング海峡を越えなければならず，ホモ・サピエンスが進化したアフリカよりもはるかに寒冷な気候条件に対応する方法を見つけるのに長い時間を要した。また，オセアニアの島々にわたるためには，水平線の向こうに

写真3−2　ポロワット島のシングルアウトリガーカヌー
人類が南太平洋へ拡散したときに用いた船もこれと似たようなものだったのではないだろうか。(写真提供：海工房)

ある島への航海が必要であり，外洋を航海できる大型のアウトリガーカヌーや星座を使った方位の推測など，遠洋航海術の発達が不可欠であった（写真3-2）。地球の様々な環境で人類が生存できるようになった背景には，寒さへの対応と知恵の発達が大きな役割を果たしてきたのである。

3. 暑さ寒さへの適応

人間は恒温動物であるために，脳や内臓などの温度（深部体温）が37度に保たれていることが重要である。深部体温を上昇させる要因は，身体活動によって発生する熱，体温維持のための熱産生，そして深部体温よりも高い気温である。逆に，深部体温を低下させる要因は，深部体温よりも低い気温である。

3-1 寒さへの適応

人間は熱帯で進化したために，暑さに強く寒さに弱いという生物としての特徴をもっている。図3-2は，それぞれの生物ごとに寒さに対する耐性が異なっていることを表すデータである。シロギツネ，シロクマ，ネズミ，ヒトが，それぞれ気温が何度になると，深部体温を維持するための熱産生を始めるかが示されている。さらに，気温の低下にともない，熱産生のための酸素消費量がどのように増加するかを読みとることができる。たとえば，ヒトは，周辺の温度が30度以下になると深部体温を維持するための熱産生を開始し，気温が20度を下回ると熱産生のための酸素消費量が平常時の2倍に達する。対照的に，シロギツネは気温がマイナス40度を下回るまで熱産生をすることなく深部体温を維持することができる。酸素消費量が平常の2倍になるのは気温マイナス70度

である。シロギツネは寒冷な環境で進化した動物であり寒さに対する耐性が高いのに対して，熱帯で進化したヒトは生物としての寒さに対する耐性が低いことがわかる。

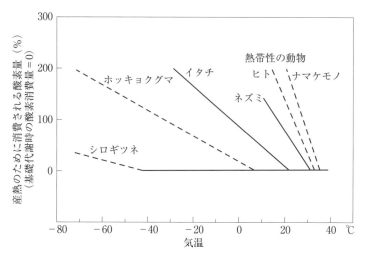

図3－2　動物種ごとの気温と酸素消費量の関係
　　酸素消費量は，深部体温を維持するために行われる体内のエネルギーを用いた熱産生の指標と考えることができる。
　　出典：(Harrison et al. (1988) Human Biology. 3rd edition. Oxford University Press. p. 458)

　熱帯性の動物としての特徴をもつホモ・サピエンスは，アフリカ大陸を出て，高緯度の地域に拡散した際に，どのようにして寒さに対応したのだろうか。図3－3は，地球の気候帯（バイオーム）を，降水量と気温という二つの変数を用いて対比させたものである。人類が進化したのと似た環境と考えられている熱帯雨林帯は，降水量が多く気温が高いという特徴をもっている。それに対して，日本列島の大部分が該当する温帯，さらに高緯度にある寒帯など，現在，多くの人類が居住する地域は，

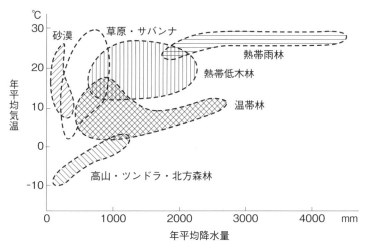

図3-3 バイオームごとの年平均降水量と年平均気温
出典：（大塚ほか 2012：16）[2]

熱帯雨林に比較すると気温が低く降水量も少ない。

　これまで人類の表現型（身体的特徴）と寒さへの対応を結びつけるような試みがいくつかある。たとえば，生物地理学の分野で提唱された，アレンの法則では，恒温動物は同じ種でも寒い地域に生息するものほど耳や鼻，足などの突出部が短くなるとされる。一方，ベルクマンの法則では，恒温動物は同じ種でも寒い環境に生息するものほど体重が大きいとされる。いずれも，寒さによって奪われる熱を小さくして体温維持を相対的に容易にするための身体的適応と理解されている。しかしながら，極北の先住民とスカンジナビア諸国の人々は，いずれも寒い環境に生きているものの，その身体的特徴は大きく異なっていることから明らかな

---

[2] From, Allen L. Hammond, Ecosystem Analysis: Biome Approach to Environmental Research, SCIENCE, 175, 1972. Reprinted with permission from AAAS through Japan UNI Agency., Inc. Tokyo

ように，人類の表現型と寒さへの対応を一般的な法則で説明するのは困難である。

実は，寒い地域に住んでいる人類集団と熱い地域に住んでいる人類集団に，寒さへの対応能力という意味では，それほど大きな違いがあるわけではない。考えられる理由としては，ホモ・サピエンスがアフリカを出てからおよそ10万年という時間が，生物的な耐寒能力の遺伝的な違いを生み出すには短すぎること，そして何よりも，ほかの動物と異なり，人類は生物的な能力だけで寒さに耐えるのではなく，温かい家屋や服をつくりだすことによって寒さに対応してきたことが大きな意味をもっていた。環境に対応して生物的な特徴を変化させることは生物的適応，物質文化や社会組織によって対応することは文化的適応と整理することが可能である（大塚ほか 2012）。人類が地球上の様々な環境で居住することができるようになった背景には，生物的適応よりも文化的適応の果たした役割が大きかったといえる。

3-2 暑さへの適応

これまで述べてきたように，人類は熱帯で進化したために，暑さに対する耐性の高い生物である。人間の体表には多数の汗腺が存在し，それは子供期の熱暴露によって活性化される。気温が深部体温よりも高くなると，体表部分の毛細血管が拡張し，心拍数をあげることで体の深部にある熱を血液にのせて体表まで運び，そこで汗の気化によって熱を体から逃がす。このメカニズムによって，乾燥した砂漠で動かないでいる場合には気温50度まで，乾燥した日陰を歩く場合には気温47度までは，深部体温を37度に保つことができるとされる。ただし熱帯雨林など湿度が高い環境では気化熱があまり機能しないために，耐えられる気温は40度未満である。

ヨーロッパとアフリカの人類集団が，暑さに対して異なる耐性をもっているかどうかを検討した1960年代の実験の結果を紹介しよう。ヨーロッパ人とアフリカ人を対象に，気温の高い環境で4時間の運動をしてもらい，深部体温が時間とともにどのように変化するかを測定した。暑さに対する対処メカニズムがよりよく機能している個人ほど，深部体温の上昇がおさえられると期待される。実験の結果，ヨーロッパ人は参加者のうち半分が4時間の運動をやりとげることができなかったのに対して，アフリカ人は全員が運動をやりとげることができた。運動をやりとげることのできた個人で比較すると，ヨーロッパ人はアフリカ人に比較して深部体温の上昇が大きかった。次に，ヨーロッパ人に暑さに慣れるための運動を10日間続けてもらい，その上で，同様のテストを行った。すると，ヨーロッパ人の全員が4時間の運動をやりとげ，深部体温の上昇もアフリカ人とほとんど変わらなくなった。

　この結果が示唆することは，暑さへの耐性という人間の能力には，ふだん暮らしている環境条件が関わっていること，しかしながら順化の期間をおくことで暑さへの耐性に関わる集団間差はほとんどなくなるということの2点である。サッカーワールドカップなどの国際試合は，地球上の様々な都市で開催される。寒い国に暮らしている選手が順化をすることなく暑い国で試合をすると，深部体温の上昇によりふだん通りのプレーができないと予想される。逆にいえば，事前に開催地の気候へ体を慣らすことで，いかなる場所で試合を開催したとしても，出身国の気候による有利不利はほとんどないということになる。

4. 人類集団ごとの生物的特徴と健康

　人類の集団は，移動と隔離によって形成されてきた。その第一段階が，出アフリカであり，アフリカに暮らしていた人類の一部がアフリカから新しい環境に「移動」し，新しい場所でもともとの人類の集団からは「隔離」されて暮らすようになった。ほとんどの場合，移動する集団はもとの集団よりもサイズが小さいために，移動した集団がもつ遺伝子の多様性はもともとの集団がもっていた遺伝子の多様性よりも小さい。また，もとの集団と移動した集団は「隔離」されているので，それぞれの集団でおこった遺伝的な変化は共有されることとなく固有の遺伝子プールが形成されていく。移動した集団からさらに一部のグループが新しい場所に移動し隔離される。このプロセスを繰り返しながら，ホモ・サピエンスはヨーロッパ，東アジア，アメリカ大陸，太平洋の島々へと拡散していった。南アメリカやポリネシアの人類集団のように，アフリカから離れた場所に暮らす人類集団は，そこに到達するまでに移動と隔離のプロセスをより多く繰り返して形成されてきたために，遺伝的な均一性が相対的に高いことが多い。たとえば，よく知られているように，南米の先住民はほとんどがO型の血液型をもっている。それぞれの人類集団が形成されるプロセスで，その集団が環境に応じた生物的特徴をもつようになった。それが現在の健康問題と関わっている事例をいくつか紹介しよう。

4-1　緯度と肌の色

　様々な生物的特徴の中から，肌の色の多様性に着目してみよう。一般的に，低緯度地域の人類集団では肌の色が濃く，高緯度地域の集団では薄いという傾向がある。肌の色を左右するのはメラニン色素の量である。

メラニン色素は細胞に害をおよぼす紫外線を吸収する性質をもっているために，紫外線の強い低緯度地域ではメラニン色素が多いことが生存に有利だと考えられる。しかし一方で，紫外線は体の中でのビタミンDの合成にも関わっているために，紫外線の弱い高緯度地域では紫外線を吸収するメラニン色素が多いことは人類の生存にとって不利に働くと考えられる。

　重要なことは，メラニン色素の量が人類の生存に有利に働くかどうかは，居住環境の紫外線がどのくらいの強さであるかに依存するということである。紫外線の強いアフリカで進化したホモ・サピエンスはおそらくメラニン色素をたくさん有し，濃い肌の色をしていただろう。それが10万年前にアフリカを出て，紫外線の少ない高緯度地域に居住するようになった人類集団にとってはメラニン色素の量が少ないことが適応的だったと考えられる。産業革命以降のグローバルな人口移動によって，高緯度地域に居住していたヨーロッパ人がオーストラリアなどの低緯度地域に移住した。現在，ヨーロッパ系のオーストラリア人の間では，皮膚癌の発症率が高いことが問題になっている。逆にアフリカや東南アジアなどの低緯度地域からヨーロッパや北アメリカなどの高緯度地域に移住した人たちの間では，ビタミンD欠乏症の発症リスクが高いことが懸念されている。

4-2　倹約遺伝子と肥満

　もう一つの事例は，遠洋航海によって南太平洋に移動していった人々である。何千キロも離れた水平線の向こうにある島への移動を試みる人々はどのような特徴をもっていただろうか。優れた航海術をもっていたとはいえ，長い航海の途中で食料が底をつくこともあっただろう。そのような状況で，より生き残りやすかったのはどのような特徴をもった

人だっただろうか。端的にいえば,「エネルギー効率」の良い人だったのではないかと考えられる。すなわち体質として,食べたものを効率的に消化しエネルギーとして活用できる人,余剰エネルギーを脂肪としてうまく貯蔵できるような身体的特徴をもった人,さらには同じ活動をするための消費エネルギーや基礎代謝量が少ない人などは,食料の不足する状況で生き残る可能性が高かったに違いない。

　このような特徴をもった人が,食料の豊富な環境で暮らすとどうなるだろう。体質として,食べたものを効率的に消化し,貯蔵できるということは,そうでない人に比べて余剰エネルギーが多くなることになり,それが脂肪として体に蓄えられやすいことになる。一般的に,肥満は運動不足と食べ過ぎが原因だといわれるが,ここでいう食べ過ぎとは大盛りご飯を何杯も食べるというような極端なものである必要はない。たとえば,体質により「エネルギー効率が人類の平均よりも50キロカロリーだけよい人を考えてみよう。50キロカロリーの余剰が脂肪として蓄えられたとすると,1日当たり約5グラムの体重増加が期待される。それが1年続けば2キログラム,10年で20キログラム,20年で40キログラムの脂肪が蓄積することになる。50キロカロリーとは,小さめのバナナ1本分のエネルギーであり,わずかな「栄養効率」の違いが肥満の原因になりうるのである。

　この考え方は,南太平洋諸国の住民に肥満や糖尿病が多く見られることを説明するために提唱されたもので,倹約遺伝子仮説とよばれる(Neel 1962)。少ない食料でも生きていけるような「倹約」型の体質は過去の移動のプロセス(そして狩猟採集民の頃の生活パタン)で選択され,そのような体質をもっている人は肥満になりやすいとする仮説である。

4-3 牧畜と乳糖不耐性

　最後に紹介する事例は，牧畜と乳糖不耐性の関係である。食べ物を消化するためには，そのための酵素が必要である。たとえば，牛乳に含まれる乳糖は，小腸でラクターゼという酵素によってグルコースとガラクトースに分解される。ほとんどの哺乳類は，離乳後，小腸におけるラクターゼの分泌が減少することが知られている。それは人類も同じであり，中国，日本，タイに暮らす人々，極北の先住民，アメリカ大陸の先住民など，多くの集団において大人のほとんどが乳糖を消化できなかった（乳糖不耐性）と報告されている。しかし一方で，乳を食料として利用してきた牧畜民の間では，乳糖不耐性の割合が20%程度と顕著に少ない。この理由として，牧畜民の間では，成人後も小腸にラクターゼが分泌されるような体質が遺伝的に選択されてきたとするモデルが提案されている。牧畜を生業とした集団にとって乳は重要な食料であり，それを十分に摂取できる体質が生存にとって有利であった。その結果，成人後も小腸にラクターゼが分泌されるような遺伝子が，牧畜の成立とともに選択されてきたとされる。

　これまでに，乳糖不耐性に関連する遺伝子が特定され，乳糖不耐性の割合に関わる集団間差が遺伝子によってある程度は説明できることがわかっている。しかしながら，近年，乳糖不耐性の割合が高かった東アジアにおいて牛乳の摂取量が急速に増加していることからわかるように，乳糖不耐性には遺伝的な背景だけでなく，習慣あるいは慣れが大きく関わっていることが明らかになってきた。前述の暑さへの耐性において順化が重要であることを説明した通り，人類集団の間に見られる生物的な違いは，遺伝的な違いだけではなく，むしろふだんの習慣によって形成されている部分が大きいこと，そしてその違いは順化によってかなりの部分が消失するということを指摘しておきたい。

5. まとめ

　私たち人類は，ホモ・サピエンスという一つの生物種である。現在の地球上に生存するすべてのホモ・サピエンスの先祖は，わずか10万年前まで遡れば，ほぼ間違いなくアフリカ大陸に住んでいたはずである。10万年は，私たちの日常的な時間の流れに比べれば大変に長い時間ではあるが，人類史の中では全体の60分の1より短い時間であり，また生物が進化するには不十分な長さである。それでも，アフリカ大陸を離れ，極端に異なる環境条件でそれぞれが適応しながら生存してきたことで，人類の集団は様々な生物的特徴をもつに至った。

　チンパンジーの研究を専門とする人を別にすれば，一般的にチンパンジーの中に多様な集団があることは意識されていない。顔や手のひらを除く全身が黒い毛で覆われているなどの表現型はすべてのチンパンジーに共通していると思われているのではないだろうか。一方で，世界各地の人類集団について考える時には，それぞれが多様な特徴をもっていると考えるのが一般的ではないかと思う。しかし実際には，チンパンジーにはいくつかの亜種が存在することが提唱されており，注意深く観察すると集団ごとにことなる表現型をもっていることがわかる。遺伝的に評価するとホモ・サピエンスの集団間の多様性は，チンパンジーの多様性に比べてはるかに小さい（図3－4）。

　遺伝的な多様性が小さいとはいえ，表現型として見られる人類集団間の生物的特徴の違いの中には，遺伝的な違いに裏打ちされている部分があるのも確かである。肌の色や身長，陸上の短距離競技や長距離競技に見られるアフリカ出身のランナーの優れたパフォーマンスなど，遺伝子レベルの違いを前提としないと説明できない生物的な特徴もある。しかしながら，遺伝的な違いを生み出した時間は長くても20万年ほどであ

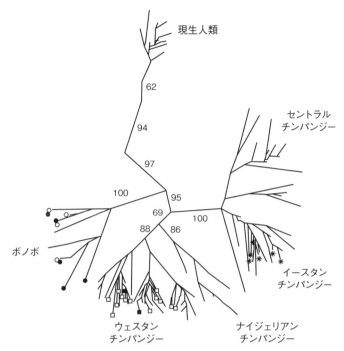

図3−4 ホモ・サピエンスとチンパンジーの遺伝的な距離を表したもの

生物と生物をつなぐ線は，遺伝的な距離を表している。地球上の様々な地域に暮らすホモ・サピエンスは短い線で繋がるのに対して，アフリカという限られた地域に暮らすチンパンジーは遺伝的に多様であることがわかる。

出典：(Proceedings of the National Academy of Sciences of the United States of America Vol 96, no 9 Pascal et al. (1999) Fig 1B を改変 doi：10.1073/pnas.96.9.5077)[3]

---

[3] P. Gagneux et. al., Mitochondrial sequences show diverse evolutionary histories of African hominoids, PNAS, vol.96 Copyright (1999) National Academy of Sciences, U.S.A. Arranged through Japan UNI Agency., Inc. Tokyo

り，人類集団間の遺伝的な多様性は一般的に考えられているより小さい。また，これまで説明してきたように，集団間に見られる生物的特徴のばらつきの中には順化によって消失するようなものも多い。暑さへの耐性，乳糖不耐性などがその例である。人間生物学の分野では，このことを可塑性（plasticity）と定義し，人類のもつ一つの特徴と捉えている。人類の可塑性は，グローバルなレベルで人類集団がお互いにつきあっていくための重要な前提であり，可塑性があるから自分の生まれた地域でないところでも健康に暮らし，また地域の枠組みを超えた学術やスポーツ，芸術の交流が問題なく実施されるといえる。

地球上の様々な人類集団がそれぞれ違うものか，同じものかという乱暴な設問を考えた場合，文化的側面に着目した場合は，それぞれが異なるものであるという理解が一般的である。それに対して，生物的な側面に着目した場合はみな同じであるという理解が一般的である。ただし，文化的な側面に着目した場合でも，考え方や感情などの根本的なところでは人類は同じであるという捉え方は広く共有されているはずだし，生物的な側面についても遺伝的な背景や体質など明らかに異なる側面も少なくない。重要なことは，本章で学んだような，人類集団の形成プロセスを念頭におきながら，人類集団間の異質性と同質性を客観的に評価する姿勢なのである。

> 【コラム】
>
> **遺伝型と表現型**
> 　生物のもつ遺伝子の種類とその構造を遺伝型という。一卵性双生児が異なる見かけや性格をもつことからわかるように，遺伝型が同じでも生物に現れる特徴は同じになるとは限らない。このような生物に現れた特徴のことを表現型という。生物の分類は，もともと表現型の違いによってすすめられてきたが，近

年では遺伝型の違いによる分類がより一般的である。

進化とは何か？
　日常的な会話では「進化」という言葉を，良い方向への変化という意味合いで使うことがある。たとえば，野球のコーチが選手に向かって，「いっしょうけんめい練習したから，あなたの投球技術は大きく進化しましたね」などという使いかたである。しかし，生物学の中で使う「進化」という言葉には，変化の方向が良いか悪いかということはまったく考慮に含まれていない。ダーウィンの進化論は，次の三つの原則から成り立っている。
1. 生物には変異（variation）がある。そしてその変異は（少なくとも部分的には）その子に受け継がれる。
2. 生物は生き残れる以上に多くの子や卵を産む。
3. 平均すれば，その環境にとって好ましいとされる方向に最も強く変異している子孫が生き残って繁殖するだろう。したがって，好ましい変異は，自然淘汰によって個体群の中に蓄積されていくだろう。

　進化には，ダーウィン進化論で説明される部分と，単なる偶然で説明される部分がある（ボトルネック効果，遺伝的浮動などのメカニズムが知られている）。偶然の進化は，集団のサイズが小さいときに起こりやすい。進化は様々な偶然が重なって生まれる遺伝型の変化であり，そこに良い悪いの方向性はないのである。

引用文献

Neel JV "Diabetes mellitus：A "thrifty" genotype rendered detrimental by progress"? American Journal of Human Genetics, 14：353-62, 1962.
大塚柳太郎ほか『人類生態学［第二版］』（東京大学出版会 2012 年）

もっと学びたい人のために

大塚柳太郎『ヒトはこうして増えてきた―20万年の人口変遷史』(新潮社 2015 年)
海部陽介『日本人はどこから来たのか？』(文藝春秋 2016 年)
片山一道『身体が語る人間の歴史―人類学の冒険』(筑摩書房 2016 年)
富田守編著『学んでみると自然人類学はおもしろい』(ベレ出版 2012 年)
日本人類学会教育普及委員会（監修）中山一大・市石博（編集）『つい誰かに教えたくなる人類学 63 の大疑問』(講談社 2015 年)
ボイド, R.・シルク, J. B., 松本晶子・小田亮監訳『ヒトはどのように進化してきたか』(ミネルヴァ書房 2011 年)

1. 熱帯性の動物であるホモ・サピエンスにとって，これからの地球温暖化はどのような影響を与えるだろうか。
2. 人類集団の多様性が生まれてきたプロセスをまとめてみよう。

4 ｜ 食べものをとる

今村　薫

《目標&ポイント》　人類社会の基礎は長期間にわたる狩猟採集時代に築かれた。化石人類の発見と古環境の復元，および考古学的な文化の証拠から人類の進化と食物獲得行動について議論する。さらに，現代に生きる狩猟採集民の生活から自然利用，分配行動，平等主義的な社会を解説する。
《キーワード》　狩猟採集，道具，分配，平等主義，多様性

1. 初期人類の生活

　人間もまた，動物である。他の動物と同等の生物として人間を見るとき，人間のことをヒトと書き表す。生物すべてを客観的に分類して，それぞれにつけた名前のことを学名といい，ヒトにはホモ・サピエンスという学名がつけられている。ラテン語で「ホモ」とは「ヒト」を指し，「サピエンス」とは「賢い」を意味する。ホモ・サピエンスは，約20万年前に地球上に登場し，遺伝的，身体的な基本設計は現在の現代人に至るまで変わっていない。

　このホモ・サピエンスから，さらに祖先を遡ると，チンパンジーやゴリラなどの類人猿と共通の祖先にたどり着く。この共通祖先からヒト側へ一歩踏み出したばかりの「最初の人類」は，700万年前にアフリカで誕生した（図4−1）。

　人類と類人猿の形態上の違いは，大きく分けて「直立二足歩行」と「大きな脳」の二つである。直立二足歩行とは，膝をのばして直立して二足で歩くことであり，鳥類などの二足歩行とは大きく異なる。この二つが

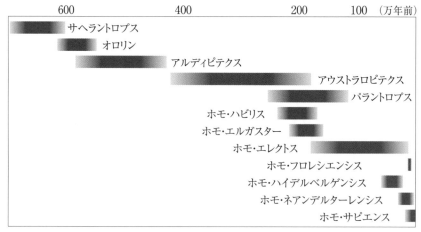

図4-1 代表的な化石人類の年代

出現する時期はずれており，まず，直立二足歩行することで，ヒトの祖先は同時代の類人猿と別れた。最初の人類は，「二足歩行をするチンパンジー」といった見かけだったのである。

その後さらに進化が進み，250万年前くらいになってようやく脳が大きいホモ属が出現した。ホモ属とは，ホモ・サピエンスのほかに，ホモ・ハビリス，ホモ・エレクトスといったきわめて現代人に近いヒトの仲間のことである。

以下では，まず人類進化に関する仮説を紹介し，次にそれぞれの段階の人類がどのような環境に住み，どうやって食べ物を見つけ，何を食べていたかについて解説する。

1-1 直立二足歩行のきっかけ

(1) サバンナ説

なぜ，最初の人類が直立二足歩行を始めたのか。この人類進化上の大

きな謎への答えとして，まず「サバンナ説」が考え出された。1960年代後半から1970年代にかけて発見され，当時としては最古の人類と考えられていた数種類のアウストラロピテクスの生息環境は乾燥地だと推定されたので，人類誕生の場所はサバンナだと考えられたのである。この仮説は，気候変動によりアフリカの熱帯雨林が収縮して，疎開林やサバンナが拡がったことが二足歩行の原因であると主張する。つまり，森林に残り続けたものが，ゴリラ，チンパンジー，ボノボといったアフリカの類人猿になり，「樹から降りて」森林からサバンナへ進出したものが人類の祖先になったという説である。二足で立ち上がることは，草むらの先が遠くまで見渡せて外敵の発見などに有利に働いたことだろう。

(2) エネルギー効率論

地上をゆっくりと移動するには，ヒトの二足歩行がチンパンジーの四足歩行より，4倍もエネルギー効率がよいという実験結果があり，このようなエネルギー効率のよさからヒトの祖先は地上で二足歩行するようになったとする仮説である。

(3) 果実食仮説

1990年代以降，より古い人類のサヘラントロプスやアルディピテクスなどの化石が次々と発見され，古環境の復元が進むにつれ，初期人類は熱帯雨林とサバンナが入り混じった環境で，木登りもしながら二足歩行していたと想像されるようになった。そのため，二足歩行のきっかけは，樹上で立ち上がって「両手で果実を容易にかき集めるためである」と主張する研究者もいる（リーバーマン 2015）。

(4) オスの育児参加説

アメリカの形質人類学者ラブジェイが1980年代に発表した仮説で，初期人類のオスが，特定のメスとその子どもに食物を手で運ぶことによって，二足歩行が進化したという（第7章4節参照）。

1-2 二足歩行後の進化を推進したもの

　現在のところ，最初の人類が二本足で歩き始めた理由は明らかではない。ただ，両手が歩行から解放されたことにより，道具を使ったりつくったりすることが容易になったことだけは確実にいえるだろう。最初の人類が直立二足歩行を行うようになってから脳が発達するまで，どのようにして食料を調達し，何を主に食べていたかについて以下の仮説がある。

(1) 狩猟仮説

　石器を使って狩猟したことが，人類進化を推進したという仮説がある。これは「狩猟仮説」といわれ，1950〜60年代にかけて提唱された理論である。先述した「サバンナ説」と連動しており，狩猟の現場はサバンナである。人類の祖先が森林から乾燥地に生息環境を変えたとき，ここには果実や柔らかい葉などの植物性の食物が乏しかった。その代わり，草食動物の肉を求めて狩りを行うようになった。サバンナには外敵である肉食獣がいたので，狩猟のための棒や石は，外敵から身を守ることにも役立った。棒や石を常に持ち歩くことで，二足歩行がより上手になった。また，枝や石をそのまま道具として使ったり加工して道具を製作することで手先が器用になり，脳が発達した。

(2) 死肉拾い仮説

　狩猟仮説に対して，現在では批判や修正が加えられている。遺跡から発見された石器で最古のものは約250万年前のものであり，人類誕生の700万年前とは，ずいぶん長いギャップがある。しかも，この時代の石器は，狩猟のためというより獲物の皮や肉を切ったり，骨を砕いて骨髄を食べたりする解体のために使われたと考えられている。

　250万年前というと，ホモ属が出現した時期である。アウストラロピテクスなどの猿人は，直立二足歩行という大きな特徴があるが，ホモ属は，直立二足歩行に加えて脳が急激に大型化するという特徴がある。ア

ウストラロピテクスの脳容量は約 500 ミリリットルで，チンパンジーの 400 ミリリットルと大差ないが，ホモ・エレクトスになると約 1000 ミリリットルでぐっと現代人に近づく。現代人の脳容量は，約 1350 ミリリットルである。

　肉食は，高カロリーで良質のタンパク質の供給をもたらし，ホモ属の脳の大型化を促進したと考えられるが，人類は最初から狩猟ができたわけではない。猿人，あるいはホモ・ハビリスくらいまでは，肉食獣が倒した獲物を拾って肉を得たほうが多かったのではないだろうか。

　実際，現代のアフリカに暮らす狩猟採集民サンは，狩猟を行うが，ライオンやヒョウが食べ残した獲物を拾うことになんの躊躇もない。死肉であっても，重要なタンパク源であることに変わりはないのである。

　ホモ属が常習的に狩猟を行うようになったのは 180 万年前に出現したホモ・エレクトス以降だといわれている。石器についても，解体用ではなく狩猟具である槍が使われるようになるのは，さらに時代が下った 50 万年前からである。

(3) 採集仮説と掘棒の重要性

　これまでの仮説は，肉食を重要視しすぎてはいないだろうか。現在の類人猿の食物を見ると，ゴリラはほぼ 100％ベジタリアンだし，狩りをするチンパンジーでも食物全体に占める肉の割合は 3％程度である。400 万年前のアウストラロピテクスは，疎開林からサバンナに棲んでおり，以前のように果実に食物の大半を頼ることはできなくなったとはいえ，いきなり肉食中心に食性を変えることが，はたしてできただろうか。

　歯の研究と生息地の生態系の分析から，アウストラロピテクスは，果実，葉，茎，種など，多様で多彩な食物を摂っていたとみられるが，さらに，根茎，塊茎，球根といった植物の地下器官も重要な食事のメニューに加わっていたと思われる（ランガム＆ピーターソン 1998，リーバー

マン 2015)。西田(2007)も同様に，樹木サバンナでは，豆類とともに植物の地下器官の重要性を指摘しており，「ヒトが多量の地下の資源の存在に気づいたとき掘棒という重要な道具が発見された」と主張している。

　リーバーマン（2015）は，二足歩行で両手が解放されたので穴掘りが楽にできるようになり，さらに掘棒を使ったことが，のちの石器の製作と使用につながる土台を築いたのではないかと想像している。

　狩猟採集民サンにおいても，掘棒は非常に重要な道具である。彼らが生活するカラハリ砂漠では，植物の根茎の利用が年間の安定した食物摂取を支えている。根茎は，手の届かない深さ1メートル以上のところにあるので，掘棒なしには収穫することはできない。

　掘棒は，長さ80センチ太さ3センチほどの真っすぐな枝の片方をとがらせただけの簡単な道具だが，その用途は多種多様でサンの女性も男性もブッシュに行くときに持ち歩く。その使い方は，根茎を掘るだけでなく，以下の用途がある。高木に実った果実を取るために，枝を引き寄せたり，果実をたたき落としたりして使う。トゲのついたアカシアの枝を掘棒でたたき折って通り道をつくる。野生メロンを立ったまま掘棒で突き刺して採集する。杖がわりに掘棒によりかかって立ち上がったり歩いたりする。蛇を発見したら掘棒で殴って殺す。犬を掘棒で追い払う。ウサギや羚羊の幼獣を掘棒で殴って捕まえる。このように，掘棒は手の延長として使われるだけでなく，武器や狩猟道具としても使う。

　木の枝から作る掘棒は，腐ってしまって遺跡には残らないので，その正確な起源を知ることはできない。同様に，植物の蔓や動物の皮からつくった籠，ネット，袋は運搬に必要な道具だが，いつから使われるようになったのかは不明である。ただ，根茎食と，運搬（食物だけでなく赤ん坊も運ぶ）は，人類史上，猿人などのかなり早い段階から行われていたと推測されるので，これらの道具の起源は古い。掘棒や運搬具の製作と

使用は，その後の石器製作／使用につながる素地をつくったに違いない。

(4) 初期人類からホモ属までの食生活

　以上の仮説は，それぞれ対立・矛盾する部分もあるが，相補的なところも多い。これらの仮説を繋ぎ合わせた人類進化の道筋は次のようになるだろう。

　およそ700万年前に，アフリカの熱帯雨林とサバンナが混在する環境で，最初の人類が誕生した。この初期人類は，直立二足歩行する点で同時代の類人猿と異なっていたが，類人猿と同じように果物が食物の中心であった。その後，400万年前には森林の後退が進み，疎開林からサバンナで暮らすようになったアウストラロピテクスは，豆やイモなどの植物性食物をメニューに取り入れて食べていた。さらに250万年前までには，植物食以外に死肉拾いによって肉を食べるようになった。この時期は，あくまでも「フォレイジング（foraging：動物一般の採食活動）」の段階であり，本格的な狩猟はまだ始まっていない。獲物の骨を割ったり，骨から肉を削り取ったり，関節を外したりするために石器を用いるようになった。

　180万年前にはホモ・エレクトスが出現し，脳容量も急激に増大し始めた。この時代になって初めて，ヒトは常習的に狩猟を行うようになり，「最初の狩猟採集民」となった。

　狩猟とフォレイジングの違いは何だろうか。狩猟には，罠を仕掛けたり，崖や穴に獲物を追い込むといった計画性や技術が必要である。さらに，狩猟活動においては，獲物の行動を読まなければならない。次節で述べるように，現代の狩猟採集民は，獲物を実際に狩る時間の数倍の時間を費やして，動物の足跡やわずかな痕跡から動物の行動を推察し予測している。現前にないものを，あたかも目の前に存在するかのように想像する力が必要なのである。

ホモ・エレクトスになって身体も一回り大きくなり，直立二足歩行が完成し，食性も根茎や豆，果実，葉などの植物食中心から次第に肉食にも傾斜するようになっていった。

大きくなった脳は，多くのカロリーを消費し，ヒトの肉食への依存度が増していった。石器の種類も増えたが，石塊から剥片を打ち欠く石器製作の技能を発展させ，それを世代から世代へと伝えるには，認知能力の発達が不可欠であったと考えられる。

また，この時代（180万年前）に人類はアフリカを出て，中東から東南アジアの熱帯／亜熱帯へ居住地を広げた。冷温帯へ進出できたのは50万年前以降である。このころから，ヒトは衣服や住居，火の使用などの「文化」によって身のまわりの環境を生存可能なようにつくりかえてきたのである（第3章参照）。

2. 現代の狩猟採集民

ホモ・エレクトスの出現以降，20万年前に我々現代人と同じ遺伝子をもつホモ・サピエンスが誕生した。それから約1万年前に農耕・牧畜が始まるまで，人類は延々と狩猟採集生活を送っていた。二重分節言語（第9章参照），インセスト・タブー，親族組織（第7章，8章参照）およびこれの上に形成される集団間の連帯などは，人類に固有な文化的特徴だといわれているが，これらの根幹部分は，いずれも長い狩猟採集生活を通じて築かれたものである（市川 1987）。

現代の狩猟採集民は我々の同時代人であり，けっして旧石器時代さながらの生活を送っているわけではない。しかし，現代の狩猟採集民が野生動植物の直接的利用に依存する，その生活の中には，過去の人類の生活と共通する部分があることも確かである。以下では，アフリカの狩猟

採集民サンを例に，現代の狩猟採集民が自然環境をどのように利用し，どのような文化や社会をもつかについて説明しよう。

2-1. 狩猟採集民サンの社会
　サンは，南部アフリカのボツワナ，ナミビア，南アフリカに広がるカラハリ砂漠に住む狩猟採集民である。ブッシュマンといわれることもある。サンには10以上の言語集団が含まれ，それぞれは言語も異なり社会や生活にも変異がある。本書で紹介するのは，この言語集団のうちの一つであるボツワナに住むセントラル・カラハリ・サン（以下，「サン」と略す）である。彼らは，1970年代終わりまでは伝統的な遊動生活を送っていた。その後，生活の定住化が進んだとはいえ，私が1988年に現地調査を始めたころには，まだ伝統的な生活を垣間見ることができた。しかし，現在，彼らは病院や学校の整った集落に定住し，伝統文化や生活は大きく変化している。
　したがって，以下のサンの記述は，田中二郎の文献（1971など）と私自身の調査によって復元させた「伝統的」なサンの生活である（今村2010）。
（1）遊動生活とキャンプのメンバー
　カラハリ砂漠の年間降雨量は平均して400ミリ足らずであり，表面水（川や湖の水）がほとんどない。
　したがって彼らは，水資源と植物にあわせて，頻繁にキャンプを移動させた。彼らが一か所のキャンプ地に留まるのは，せいぜい1週間から数週間である。ベースキャンプに女性と子ども，老人を残して，男性たちだけで1か月ほど狩猟に出かけることもある。彼らが利用する土地は広大であり，どの人も土地とそこから得られる資源にたいして「排他的」な権利をもたない。

また，サンはこういった頻繁な移動にともなって，集団の離合集散を繰り返していた。サンの居住集団のことを「キャンプ」という。狩猟採集民の居住集団は一般に「バンド」といわれるが，サンの居住集団はとりわけ不安定で流動的なので，キャンプとよばれるのである。

　キャンプは，夫どうしが兄弟，あるいは妻どうしが姉妹といった血縁で結ばれていることもあれば，妻の兄弟や妻の両親などの姻族が同じキャンプのメンバーであることもある。サンは出自（その人が由来し所属する親族集団，第8章2節参照）を父方にも母方にも等しくたどりうる双系である。また，血縁がなくても，気のあう友人どうしが同じキャンプに住むこともある。夫婦と未婚の子どもたちからなる核家族ごとに小屋を建て，キャンプの中心に向かって入口を開けて暮らす。

　キャンプのメンバーは流動的で，いつでも分裂したり合流したりするが，平均して約5家族（20〜30人）程度が同じキャンプで行動をともにする。このような離合集散は，食料資源に合わせて行われる。乾季の食料が乏しい季節は，少人数に分かれて数家族で暮らす傾向があり，雨季になって水や食料が豊富になれば，100人以上が数カ月間同じ水場のまわりに留まることもある。また，喧嘩などの社会的葛藤が原因でキャンプが分裂する場合もある。

(2)「父系・父方居住バンド」モデルとその問題点

　1930年代のオーストラリア・アボリジニ社会の研究をきっかけに，狩猟採集民の居住パターンについて，「父系・父方居住バンド」モデルが提唱されたことがある。これは，狩猟採集民の居住集団であるバンドは「父系集団」で構成されており，結婚した夫婦は夫の両親と同じバンドに住む「父方居住」が標準であるという説である。さらに，「父方居住は狩猟テリトリーを男性が共同で防衛したことへの適応である」と主張し，人類史における狩猟の開始にその起源を求める研究者も現れた。

また，野生チンパンジーの生態が研究されるにつれ，チンパンジーの同じ集団に属するオス同士はきわめて親密で，強固な絆を形成しているが，他集団のオスとは激しい闘争を繰り広げることが明らかにされ，ヒトの「男同士の絆（メイル・ボンドといわれる）」や「暴力性」は，ヒトと類人猿との共通の祖先にまで遡る，きわめて根深いものであると主張する人もいる（ランガム＆ピーターソン 1998）。

　このモデルはたいへん人口に膾炙した説である。男性が結託し社会の統制にあたる「男性による政治」の普遍性（フォックス 1977），「男性はパブリックな領域，女性はプライベートな領域と，性によって活動領域が異なる」（ロサルド 1987）というフェミニスト自身がたどりついた悲観的な結論，類人猿にまで遡る「暴力と戦争の起源」（アードレイ 1978）など，様々な分野の根源的説明に「父系・父方居住バンドモデル」が使われ，多大な影響を与えてきたのである。

　しかし，ゴリラやボノボなど他の類人猿の生態と行動が研究されるにつれ，チンパンジーに見られる「オスの絆」や暴力性が，他の類人猿に当てはまるとは限らないことが指摘されるようになった（第7章参照）。

　また，ヒトの狩猟採集民社会についても，サン，ピグミー，イヌイット社会は双系が基本であること，オーストラリア・アボリジニも，地域によって父系または母系と変異することが明らかになり，現在では多くの研究者が，狩猟採集民はより柔軟で双系的な居住を示すと主張している。

　さらに，生態学的な文脈において，狩猟は定住生活に比べてより双系的な集団を選ぶという意見がある。狩猟動物のように移動する資源を利用するにはより広い遊動域が必要である。実際，アフリカの狩猟採集民の遊動域（たとえばサンの4000平方キロメートル）は，農耕民，牧畜民の利用する土地（たとえばアフリカ焼畑農耕民の数ヘクタール）よりも，そして，類人猿の遊動域（たとえばチンパンジーの10〜30平方キ

ロメートル）よりもずっと広大である。狩猟採集民の遊動域は，男性の血縁集団で排他的に防衛するにはあまりに広すぎる。それで彼らは少人数の居住集団にわかれて，他の集団と土地の利用を共有する方法を選んだのであろう。人類史上，ヒトが定住し農耕牧畜を始めるまでは，人類はずっとテリトリーを持たず，土地をめぐる争いや闘争はなかったのかもしれない。

2-2 サンの食料獲得

　サンの伝統的な生業は狩猟採集である。彼らが食用にする植物は80種以上，動物は40種を超える。これらは食料としてだけでなく水源として重要である。野生スイカから得た水，ウリ科の根茎から搾り取った水分，また，動物の胃液さえ重要な水源である。

(1) 狩猟

　キリン，エランド，ゲムズボック，クーズー，ハーテビーストなどの大型哺乳類は，昔は弓矢で捕まえていた。弓矢猟は，矢の飛距離である10メートル程度まで獲物に忍びよって毒矢を放つ。毒が獲物に効くには数時間から20時間を要するので，ハンターは矢が命中してから獲物の逃げた方向や，足跡の特徴を記憶して，いったんキャンプへ帰る。そして翌朝，同じキャンプの男性数名で獲物を追跡する。足跡をたどって獲物に追いつき，まだ息がある場合は槍で心臓にとどめを刺す。

　弓矢猟は1970年以降，槍猟に取って代わられた。槍は数メートルしか投げられないので，獲物に間近まで迫らなければならない。したがって，犬に獲物の動きを封じさせたり，馬に乗って獲物に追いつくなど，槍猟には犬や馬といった家畜動物が必要である。

　イシカモシカ，ヤブダイカーなどの中型哺乳類は，罠で捕まえる。この猟法は，動物の足跡をよく読み，獲物の通り道を予測して罠を仕掛け

る。罠を踏み抜くと，動物の脚がロープで締めつけられて逃げられない仕組みになっている。罠に獲物を誘導するために，トゲのついたアカシアの木で柵をつくり他の道を動物が通れないようにする。この柵は長さ数100メートルにも及ぶ大掛かりものなので，いったん設置すると数か月から数年間は使い続ける。罠猟は，3〜4日に一回見回りに行くだけでコンスタントに獲物を捕ることができる方法である。

その他，トビウサギに特化した猟法，ミツアナグマ，ツチブタ，ツチオオカミ，ヤマアラシなどの夜行性で就巣性の動物を対象にした猟法，ジリス，マングースなどの小型哺乳類，ノガンなどの中型鳥類を捕まえるための罠など，様々な狩猟の方法がある。

狩猟を成功させるために最も重要なものは，洞察力と想像力である。これは，動物の習性を知り，足跡や糞，草の倒れ方などから，動物の行動を読み解く能力である。また，風の匂い，空の色から天候を予測する経験力である。この複合的な知識によって獲物の発見，追跡が可能であり，罠をかける場所を決めることができるのである。

(2) 採集

採集物は季節によって異なるが，一年を通して採集できるものは，植物の根茎である。ウリ科の根茎を中心に，10種くらいの植物の根を利用している。12月に入って雨が降り出すとユリ科の葉，次いで果実を採集し，2月ごろから野生のメロンを収穫する。4月5月は実りの季節で毎日大量の豆やキノコを採集する。野生の豆は栄養に富み，カロリーが高い。カラハリ砂漠の野生メロンは皮が厚く，半年程度腐らずに地表にころがっているので水源として非常に重要である。また，イモムシなどの昆虫，陸ガメ，ダチョウの卵などの動物性食物も採集する。

狩猟採集民については，「男性は狩猟，女性は採集」という性別分業が強調されがちだが，サンの場合，男女とも狩猟も採集も行う。彼らは

ブッシュの中を歩きながら臨機応変に自然の動植物を利用している。狩猟に行った男性が、帰りに果実などを採集してくることは当たり前の光景である。採集に行った女性も、羚羊の幼獣を発見すれば掘棒で殴って捕獲したり、鳥の罠を仕掛けたりする。狩猟の機会を狙って犬を連れて採集に行く女性もいる。女性だけでトビウサギなどを狩ることもある。罠猟を夫婦で行う人もいる。

　サンの食物獲得行動の特徴は、男女問わず、全面的に自然から食物を引き出すことである。狩猟については、大型動物を狩猟するのは男性だけであるが、その他の猟法については女性でも行うことがある。

2-3　食物分配

　サンは、狩猟で得た肉を親族やキャンプのメンバー全員に徹底的に分配することが知られている。図4－2は、1990年2月2日に私が観察した分配の例である。狩猟で得た肉は、解体されてから、生肉のままで、

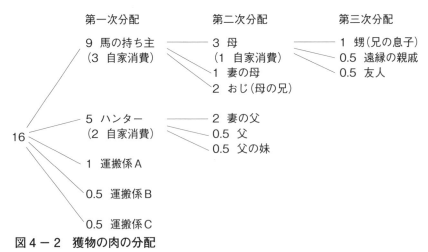

図4－2　獲物の肉の分配
　＊数字は干し肉の束の数。一束の干し肉は、7キログラム前後

あるいは、干し肉にしてから分配される。サンの分配方法は、まず、狩猟に参加した人々で第一次分配が行われる（図4-2）。このとき、狩猟に参加していなくても、弓矢や槍、あるいは馬などの狩猟に使う物を貸していることで「獲物の持ち主」とみなされる。

さらに、一次分配を受けた人は、第二次の分配を行う。まずハンターの妻の両親に、ついでハンター自身の両親への分配が優先される。二次分配は主に親族関係によって分配される。

その後、さらに親しい友人などへ第三次分配が行われる。このような分配が繰り返されることで、多くの人に少しずつ肉が行きわたる。肉の分配は、料理してからもさらに行われる。

このような分配は、一対一の関係よりも、場の全体性を重視して肉がキャンプ全体に行き渡るように分けられるので、全員への「分かち合い」と表現したほうがふさわしい。皆で共有する場をつくりあげることが重要なのである。彼らは、物だけでなく体験をも分かち合う。共同作業、手伝い、さらに、歌やダンスもまた共有の対象である。

狩猟採集社会における食物分配は、生活全般を集団のメンバーと共有していることの一部であり、共有は社会の核として機能している。

2-4　平等主義社会

彼らの社会は、経済的に、社会的に、そして政治的に平等主義を志向するといわれる。貧富の差がほとんどなく、職業などの社会的分業が見られず、政治組織が未発達で首長などの政治的なリーダーがいないからである。

サンは頻繁に移動を繰り返すので、家財道具などの持ち物は最小限にとどめる。まさに「富は重荷」なのである。また、狩猟で得た肉を徹底的に分配することで、貧富の差はなくなる。

しかし，この分配によって，平等主義に矛盾が生じる。分配によって物質的には平等になるが，与え手と受け手は社会的には対等にならない。受け手のほうは，与え手に対して「心理的な負い目」(モース 2008)（第11章参照）を抱き，結果的に与え手のほうが優位な立場になってしまうからである。

したがって，サンの場合，有能なハンターに尊敬や威信が集まるのを防ぐために，次のようなことを行う。ハンターは獲物がとれても嬉しそうな素振りも見せずにキャンプに帰ってくる。出迎えた人々は，「獲物が小さい」とか「脂がのっていない」などの悪口を（実際と違っていても）言ってけなす。また，ハンターはたて続けに猟に成功すると，わざと猟に行かずに肉をもらうほうにまわる。

サンの人々は気前よく肉を他人に与えるが，けっして生まれつきの「お人好し」なのではない。独占したい欲望，人より注目されたい願望，人を支配したい欲望が垣間見られることがある。だからこそ，ことあるごとに「分けろ」「人間は独り占めしないものだ」といった言葉を口にするのである。また，彼らは他人から妬まれることを非常に恐れている。

平等主義社会とは，不平等の淵をのぞき込みながら，かろうじて踏みとどまっている社会なのである。

3. 狩猟採集民の多様性

1万年前に農耕・牧畜が始まるまでは，人類の生活基盤は狩猟と採集だけであったが，今日までまとまった民族集団として存在し，伝統的な生活を残している狩猟採集民は，世界中で30程度を数えるにすぎない（図4 - 3）。そのいずれの社会も，歴史的に多少とも農耕民や牧畜民と接触してきており，けっして孤立した生活を送ってきたわけではない。今

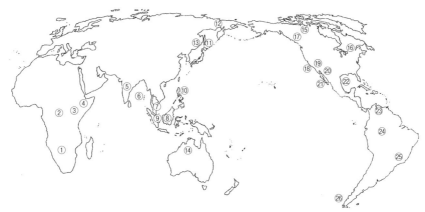

①サン　②ピグミー　③東アフリカ狩猟採集民（ドロボ，ハッザ，イクなど）
④エチオピア狩猟民（フガなど）　⑤インドの狩猟採集民（チェンチュ，ビルホールなど）
⑥アンダマン島民　⑦セマン　⑧プナン　⑨ヴェッドイド狩猟採集民（スマトラのクブなど）
⑩アッタ　⑪アイヌ　⑫パレオ・アジア狩猟採集民（ユカギールなど）
⑬アムール・ツングース狩猟採集民　⑭オーストラリア・アボリジニ　⑮イヌイット
⑯アルゴンキアン　⑰アサパスカン　⑱カリフォルニア狩猟採集民（パイユート，マイドゥなど）
⑲グレイト・ベイスン狩猟採集民（ショショニなど）　⑳アパッチ　㉑セリ
㉒メキシコ湾岸狩猟採集民（コアウイルテコなど）　㉓ベネズエラ南部狩猟採集民（ヤノマミなど）
㉔アマゾン狩猟採集民（シリオノ，グアヤキなど）
㉕ブラジル東部狩猟採集民（ボトクド，カインガングなど）　㉖オナ

図4－3　世界の狩猟採集社会
　出典：Murdock（1968）の記述をもとに市川（1987）が作成した図を改変。

旧の狩猟採集民は，価値観や儀礼などの伝統文化においてその民族のアイデンティティを保っていたとしても，実際の生活は産業社会に生きる現代人として貨幣経済に取り込まれて生活している人がほとんどである。
　本書では，アフリカの乾燥地に住むサンを例に狩猟採集民の伝統的な文化・社会と生活について説明してきたが，現代の狩猟採集民は，きわめて多様な環境に暮らしている。グリーンランドやアラスカ，シベリア北部，カナダ北部などの極地やツンドラ地帯ではイヌイットやツングースが，アザラシやトナカイを狩りながら生活していた。その南側のタイガ地帯や冷温帯の落葉樹林帯にはシベリアの先住民であるユカギール，

ケット，ニブフ，イテリメン，アムール川先住民，また，サケ・マス類に大きく依存した伝統文化をもつカナダ・インディアンや日本のアイヌが住む。

　北米のプレーリー（大草原）やグレイト・ベイスン（大盆地）にはアメリカ先住民の諸集団が，さらに南の熱帯降雨林には，マレー半島のセマンやフィリピンのアッタ，アフリカ中央部のピグミーが住む。さらに南下したサバンナや半砂漠の狩猟採集民としてはアフリカのサンとハッザ，オーストラリアの先住民であるアボリジニがいる。

　これらの民族の1960年代までの食料獲得方法を比べると，高緯度になるほど狩猟または漁撈に依存する傾向が強かった（小石・鈴木1984）。極端な例はイヌイット社会で，ここでは食物となるような植物はまったく生育しないので，伝統的な食生活を支えていたのはもっぱら獣肉と魚である。低緯度熱帯地方ではこれと反対に，植物性食物により多く依存しており，サンやピグミー，アボリジニの食生活は約80パーセントが植物性の食物であった。

　また，歴史時代も含めると狩猟採集社会はきわめて多様である。定住して食料を貯蔵し，道具，施設などの資産を所有する狩猟採集（漁撈）社会がある。過去も含めて最も有名な例が，北アメリカの北西海岸沿岸に住んでいた北米先住民である（第11章1節参照）。彼らは狩猟採集生活であるにもかかわらず，豊富な食料資源をもち，大規模な集落に定住し，蓄積した余剰生産物を用いて盛んに交易をし，富を蓄積した。そして，貴族，平民，奴隷などに階層化された社会まで形成していた（クーン2008）。

　狩猟採集社会は，遊動生活をおくる平等主義的な社会から，奴隷を組み込んだ階層社会までをカバーする広大なスペクトルをなしてきたのである。

4. 食物の社会道具化

　ここまで，ヒトがどのようにして自然から食物をとってきたか，その進化的背景と狩猟採集の具体的方法について見てきた。この節では，食物獲得と消費（食べること）の中間にある食物分配について考察する。

　動物一般は，独立生計である。つまり動物は，子ども，老齢，病気や怪我をした個体であっても，他の個体から食物をもらうことはけっしてない。動物の消費は「手から口へ」であり，消費の遅滞は起こらない。

　しかし，類人猿には消費の遅滞＝食物分配が萌芽的に見られる。動物の肉やパイナップルなどの果実を手にした個体が他個体から「物乞い」され，やむなく与えることがある。ただし，これは他個体が食物の一部を取っていくことを黙認しているだけであって，ヒトのように乞われなくても当然のように分け与えるのとは異なる。

　チンパンジーは，自分の優位さを誇示するかのように肉を分け与え，ボノボは，親しい個体から乞われたら食物を与えてしまう（黒田 1999）という。いずれの場合も，食物が栄養摂取の次元を超えて，社会関係を確認するための手段・道具になっているところに，他の動物からの大きな転換点がある。

　しかし，類人猿の分与から，ヒトが行う分配へと至るには，さらに大きな飛躍が必要である。まず，「所有」という抽象概念が存在しなければならない。狩猟採集民の分配は，所有者をなくす行為ではなく，「誰それのもの」というラベルが次々と張り替えられていくことだからである。

　また，「なぜ人は分配するのか」という問いを突き詰めていけば，「そうすべきだからそうする」としか答えようのない，いわば「他の規則に先立つもっとも根源的な規則」（寺嶋 2011）であることに行きつく。

食物を社会関係を築くために使うことは，類人猿段階までその起源を遡れるかもしれないが，そこに様々な抽象的概念を組み合わせて「分配」という規則にまでつくり上げるには，長い時間が必要であったことだろう。分配の起源はホモ属の出現より早いことはないだろう。
　分配と共有によって，人類の食物獲得行動は，生態から経済に変わったのである。

引用文献

アードレイ，R.，徳田喜三郎訳『狩りをするサル―人間本性起源論』（河出書房新社 1978 年）

市川光雄「ヒトの社会」黒田末寿，片山一道，市川光雄著『人類の起源と進化』191-265 頁（有斐閣 1987 年）

今村薫「ささやかな饗宴―狩猟採集民ブッシュマンの食物分配」田中二郎，掛谷誠，市川光雄，太田至編著『続・自然社会の人類学―変貌するアフリカ』51-80 頁（アカデミア出版会 1996 年）

今村薫『沙漠に生きる女たち―カラハリ狩猟採集民の日常と儀礼』（どうぶつ社 2010 年）

黒田末寿『人類進化再考―社会生成の考古学』（以文社 1999 年）

クーン，C.S.，平野温美・鳴島史之訳『世界の狩猟民―その豊穣な生活文化』（法政大学出版局 2008 年）

小石秀夫・鈴木継美『栄養生態学』（恒和出版 1984 年）

寺嶋秀明『平等論―霊長類と人における社会と平等性の進化』（ナカニシヤ出版 2011 年）

田中二郎『ブッシュマン―生態人類学的研究』（思索社 1971 年）

西田利貞『人間性はどこから来たか―サル学からのアプローチ』（京都大学学術出版会 2007 年）

フォックス，R.，川中健二訳『親族と婚姻―社会人類学入門』（思索社 1977 年）

モース，M., 有地亨訳『贈与論』（勁草書房 2008 年）
ランガム，R.W. & ピーターソン，D., 山下篤子訳『男の凶暴性はどこから来たか』（三田出版会 1998 年）
リーバーマン，D.E., 塩原通緒訳『人体 600 万年史（上）―科学が明かす進化・健康・疾病』（早川書房 2015 年）
ロサルド，M.Z., 時任生子訳「女性・文化・社会―理論的概観」E. アードナー・S.B. オートナー他著，山崎カヲル監訳『男が文化で，女は自然か？―性差の文化人類学』（晶文社 1987 年）
Murdock, G.P. "The current status of the world's hunting and gathering peoples," In R.B. Lee & I. DeVore (eds.) *Man the Hunter*. (Aldine, Chicago, 1968) pp.13-20.

もっと学びたい人のために

斎藤成也編『絵でわかる人類の進化（KS 絵でわかるシリーズ）』（講談社 2009 年）
ハラリ，Y. N., 柴田裕之訳『サピエンス全史―文明の構造と人類の幸福　上・下』（河出書房新社 2016 年）

1. 私たち日本人も行う狩猟活動や採集活動について，狩猟採集民と比較してみよう。
2. 私たちの生活の中で「平等性」や「平等主義」がどんなときに見られるか観察して考察してみよう。

5 | 家畜とともに暮らす

　　　高倉　浩樹

《目標&ポイント》　家畜群とともに移動する遊牧民の生活に象徴されるような牧畜社会について理解を深めるのが目的である。約1万年前に始まる栽培化と飼育化は、社会が植物・動物の再生産に関与・管理する働きかけであり、国家と文明の起源に寄与するといわれている。農業開始後に現れた飼育化（家畜化）によって、農耕・狩猟採集・漁撈を補完させた牧畜社会という独自の仕組みを人類は編み出した。人類史からは三タイプの牧畜社会が存在する。これを解説しながら、環境への文化的適応の可能性について考える。
《キーワード》　飼育化、遊牧、乳利用、家畜群、適応

1. 遊牧の風景

　モンゴル遊牧の光景を想像して欲しい。樹木や建物がまったくない広大な草原が広がる大地に、ウシやヒツジ、ウマなどが群をなしている。それらの家畜をともないながら人々は生活している。農山漁村で営まれてきた伝統的な日本の生活とは、大きく異なる光景である。日本でも、武士の軍馬として、あるいは農民の畜力としてウシやウマなどの家畜は昔から飼われてきた。その意味で家畜のいる生活というのは、日本の文化の一部でもある。しかし、モンゴルの遊牧に見られるような生活とは明らかに異なっている。この章では、家畜群をともなって移動しながら暮らす牧畜社会の特徴について詳らかにしたいと思う。それがどのような起源で始まり、人類の歴史にとってどのような意味をもってきたのか、世界各地の牧畜社会の例を紹介しながら、考えてみたい。

2. 牧畜社会の特徴

2-1 ドメスティケーションと社会

　多くの牧畜社会が存在しているのは，乾燥地帯や寒冷地帯，さらに高地などの厳しい生態環境である。そうした地の多くでは，農耕することが難しく，狩猟採集ですら行うことが難しい場合もある。人類は家畜群をともなうことで，そのような場所であっても進出し，適応してきたのである。なぜそれが可能だったかといえば，ヒトが食料として利用できない草などの植物を家畜が摂取し，その家畜という動物を通してヒトがエネルギーを摂取し生存することができたからである。

　2章で説明されたように，人類史における文化的画期はドメスティケーションを実現したことである。栽培化あるいは飼育化（家畜化）と訳されるこの言葉は，植物であれ動物であれ，野生状態で自己繁殖している状態から，ヒトが管理するかたちで再生産をさせるようになったことを意味する。

　ドメスティケーションによってヒトと動植物の関係は変わったのである。とはいえ，注意したいのは，栽培化イコール農耕社会，飼育化イコール牧畜社会ではないことだ。たとえば縄文時代には，クリが栽培されていたが，同時に狩猟採集・漁撈も行われ，栽培植物の生産が社会の基軸となる農耕社会ではなかった。栽培化がヒトの社会に決定的な影響をおよぼすかどうかは複合的で，偶然的要素も多い。歴史からわかるのはいくつかの条件が関わっているらしいことである。一つはその栽培植物にデンプンなどの糖質という三大栄養素の一つが含まれているかどうか，第二に水分が少なく腐りにくく保存に適しているかどうか，また軽くて運搬しやすいかどうかということである。その代表は穀類である。地域によってはイモやマメ類がその代替となったが，これらの植物の祖先で

ある野生種を，なんらかの偶然で栽培化に成功することで，食料を蓄積しこれを富とみなし，社会的分業や階層化が進む農耕社会が出現したのである。

動物の場合，最初に飼育化されたのはイヌだといわれている。13000〜8000年前にかけてアジアやアメリカの各地で地域独自に飼育化されたことがわかっている。遺物から飼育化を判断できる根拠は野生種と比べて骨格が小型化するからである。飼育化されたイヌは，番犬または愛玩動物や，その優れた嗅覚や追跡能力による狩猟の助手，さらに走力を頼っての橇(そり)や舟の牽引など役畜として用いられた。イヌイットをはじめとする極北の狩猟採集民ではイヌは橇・毛皮の利用が見られる。このことは先の栽培植物と同様に，飼育化が行われたとしても必ずしも牧畜社会が現れるわけではないことを示している。一方，家畜ブタは東アジアが起源のようだが，おおよそ6000年前に遡るらしい。ブタの利用は専ら食用であるが，これを飼育していたのは定住農耕社会であった。

2-2 牧畜的家畜

栽培化と農耕社会の関係で述べたことと同様に，飼育化された動物の中には，ヒトの社会のあり方を大きく変えてしまった存在もある。有蹄類で群居性の特徴をもつヒツジやヤギ，ウシ，ウマ，ラクダ，トナカイ，リャマ，アルパカなどである。これらは牧畜的家畜とよばれている。牧畜社会の大きな特徴を述べるなら，個体として家畜を育てているのではなく，群を飼育しているという点である。年中移動するのか，季節移動なのか，あるいはより部分的な移動かはともかく，囲いや柵などなくても，ヒトが家畜群とともに移動する技術をもった社会というのが，狩猟採集社会や農耕社会と大きく異なった点である。図5－1は乾燥地帯の牧畜社会における人—家畜関係を模式化したものである。野生段階では

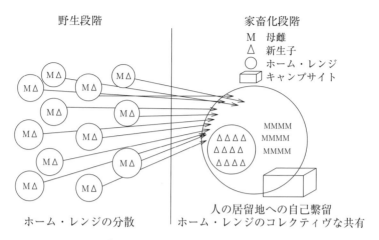

図5－1　ヒツジ・ヤギの家畜化前後とホームレンジ
出典：(谷 2010：75)

　動物はそれぞれホームレンジ（独自の生息域）をもつ。牧畜社会では家畜群と人はホームレンジを共有する。

　この家畜の群を維持するための重要な技術が去勢である。去勢はオスの生殖機能を無くしてしまう措置で、睾丸を切除したり、つぶしたりする。このことによってヒトが好ましいと考える種オスを選び出し、その子孫家畜を繁殖させるのである。同時に、群を移動させる際にも、オスが少ない方が管理しやすいという効果もある。

　牧畜社会の人々は、生存するための資源として家畜の群を飼育している。しかし、家畜のみでの自給自足は難しい。確かにミルクは完全栄養食であるが、多くの動物はヒトと違って特定の季節に繁殖する傾向があり、一年のうちで搾乳できない場合があるからである。実際、牧畜社会における主食料は家畜の乳や肉に依存するが、ほとんどの場合、周囲の農耕民や狩猟採集民と交易したり、彼ら自身が補足的に農耕や狩猟・漁撈・採集をしたりするのも特徴である。

牧畜社会は，乾燥地牧畜，寒冷地牧畜，高地牧畜と大きく三つに分けることができる。乾燥地牧畜は，いわゆる典型的な遊牧民を含むもので，東はモンゴル高原から中央アジア・西アジアをへて地中海世界とアフリカの乾燥地帯に存在する。家畜群を維持しながら乳製品を生産し，周囲の農耕民から穀類などを交易で入手する様式である。寒冷地牧畜は，ユーラシア北方のトナカイ遊牧民である。北は北極海沿岸から南はタイガとよばれる森林地帯・山岳地帯にその社会が分布する。そこでは乳の利用はほとんどなく，むしろ役畜を確保するためと，家畜肉を確保するために群が飼育される。彼らの伝統的な食文化の中には穀類はほとんど含まれておらず，漁撈や狩猟（沿岸部の海獣狩猟を含む）を組み合わせる社会も存在する。最後の高地牧畜は南米のアルパカ・リャマの牧畜社会である。彼らは三千メートルを超える高地で家畜群を飼育しながら生活するが，群が飼育されるのは毛皮や肉を低地の農耕社会と交換するためである。

3. 乾燥地牧畜

3-1 西アジアにおける起源

　牧畜社会が最初に成立したのは，乾燥地である。農耕社会へと繋がる穀類の栽培化の起源地は西アジアであるが，この同じ地域での飼育化が人類社会で最初に牧畜社会の成立に繋がった。

　西アジア考古学の知見（三宅 1999）によれば，牧畜的家畜が最初に飼育化されたのはヤギで紀元前 7000 年頃だといわれている。イランのザグロス山脈の盆地に位置する定住農耕的な集落ガンジ・ダレ遺跡から，飼育化されたヤギの骨が出ている。ヒツジは少し離れた地域で数百年遅れて飼育化された。その後ウシも飼育化されたが，これらは肉の安定供

給を目指した飼育化だった。

　重要なのは飼育化の起源地は植物栽培の起源地とは必ずしも一致していないことである。紀元前9000〜8300年前ほどからレヴァント回廊（レヴァノンから北部シリア）地帯で栽培植物による定住生活が始まるが，飼育化は同じ西アジア地域とはいえ，そこからかなり西の場所で発生した。さらに飼育化された場所は動物ごとに異なっている。ここからいえるのは，天才的な人間あるいは先進的な社会集団が農耕と牧畜を始めたわけではないことだ。長い時間をかけて人々が暮らす周辺の環境の中で生息している動植物を栽培化，飼育化したのである。なお，この時点では，家畜は農耕社会の生産手段として飼育されており，群の移動をともなう牧畜社会が確立されたわけではなかった。特に乳を得るための搾乳は，さらに時代がさがり紀元前6000年紀後半になって初めて行われるようになったのである。最初の飼育化が行われてから1000年以上は，肉確保のための牧畜が行われていた。

　乳利用以降，家畜飼養の意味は大きく変わった。なぜなら家畜を殺さずに食料を確保できるようになったからである。乳利用をする以上，なるべく多くの家畜の群を維持した方が有利である。となると，定住農耕ではなく，遊牧する生活，しかも家畜の群をともなって移動する生活を目指す集団が出現した。これは，ヒトの生活様式において新しい発明だった。搾乳を行い，乳利用を行うようになって西アジア型の牧畜社会は，その後，同じような乾燥的な生態系に暮らす諸民族でも取り入れられ，広く見られるようになったのである。

3-2　乳製品の意味と生態的意義

　乳は栄養学的には完全食に近いものであり，ヒトは乳さえあれば生存は可能である。現代の畜産技術は，年中ウシの乳を搾乳し，牛乳を生産

みなし子ヒツジ　　　　　　　　　　　　　　乳母ヤギ

においをかがせない　　においをかがせる
（実子がいないとき）　（実子がいるとき）

図5－2　乳母畜への対応
出典：（小長谷 1991：80）

している。しかし，西アジアで乾燥地牧畜社会が確立された頃はそうではなかった。というのも搾乳できるのは，母畜が妊娠出産後に分泌する間だけだったからである。肉の利用は人の都合によって決めることができる。しかし乳は家畜の生態にヒトが合わせることが必要だった。そもそも母畜は自分の子どもにしか哺乳させない。何らかの理由で母畜から乳をもらえない子畜は図5－2にあるように実子の匂いをかがせるなどのヒトの介助が必要なのである。家畜から人間が搾乳するのはさらにたいへんである。

　シリア内陸部の牧畜民の民族誌的研究によれば，ヒツジやヤギは主に1－2月に出産する。この時期は最も寒い時期で草の量も少ない。子どもは母乳で育つが，おおよそ1月中旬ぐらいから授乳と平行して，搾乳が行われるようになる。最初に授乳させ，それをいわば横取りするようにして搾乳する。子どもが草を食むようになるのは約一ヵ月後である。ちょうどその頃になると草も生えてくるが，そうなってくると搾乳量も増える。6月下旬が最も多く，9月下旬まで続く。

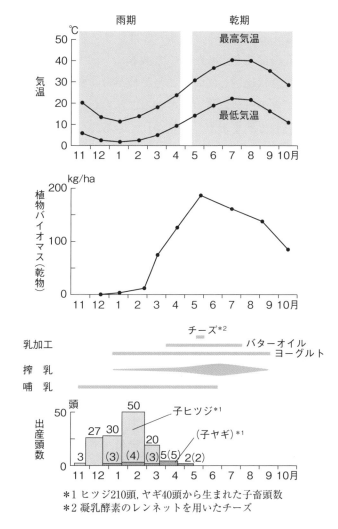

図5－3 シリア内陸部の気温，植物バイオマス，ヒツジ・ヤギの出産頭数，哺乳・搾乳および乳加工の季節推移。
出典：(平田 2014：17)

牧畜民は，この間に乳を長期間保存できるような食品に加工し，搾乳できない期間に備えるのである。図5-3はシリア牧畜民の気温・植物バイオマスと搾乳の関係を示したものである。

気温と植物の生育は比例していることがわかる。また家畜の出産は草の生長に合わせてその直前に集中していることもわかる。搾乳は哺乳開始時期からやや遅れて始まるが，搾乳されている間を通してヨーグルトがつくられていることがわかる。ヨーグルトは最も簡単な乳製品で，酵母さえあれば，市販の牛乳からもつくることができる。これを元にしてバターやチーズなどがさらに加工されていくのである。その時期は搾乳量が最も多い6月から7月であった。バターやチーズは，搾乳ができなくなった季節も保存食として利用されたのである（平田 2014）。重要なのは，ヒトの乳利用というものが，家畜が季節的に繁殖する性質やその背後の気温や植物のバランスの上に成り立っているということである。

3-3 ミルクの分解酵素と進化

乳製品を食料として獲得できるようになったのは，人類史における画期的な文化技術の開発であった。しかし，読者の中にも，牛乳を飲むとお腹が緩くなるので苦手という人もいるだろう。第3章でもふれたが，哺乳類としてヒトは母乳で育つので，乳児のうちは生乳を消化し，エネルギー源にできる。しかし，すべての哺乳類は，成人あるいは成獣になるにつれ乳糖を分解するラクターゼ酵素が発現しなくなる。それは哺乳類の自然淘汰による生物進化の結果であった。乳製品の中でもチーズなどの加工品はこの乳糖が減少しており，消化しやすくなっている。

この酵素をもっているのは家畜を飼育し，乳を生食する文化の諸地域のヒト社会である。乳利用文化の登場によって，元々少ない割合だった乳糖耐性遺伝子集団が増加する自然淘汰が働いたのだ。

先に見たように搾乳が始まったのは，紀元前6000年紀後半以降である。搾乳は乾燥地型の牧畜社会を可能にしたが，一方でヨーロッパや中東の定住農耕民のエネルギー摂取においても重要だった。深い森の中で暮らしていた人々は，森を切り開き，麦栽培を行うようになっていたが，濃緑色野菜や魚介に含まれるカルシウムの摂取が不足していた。その欠乏を，生乳の大量摂取というかたちで補う文化的選択が現れたのである。その選択は子孫繁栄に肯定的に働いたため，自然淘汰を通してラクターゼ保有者高分布集団が出現するという進化が現れた。ここでいう進化はあくまで生物学的現象であって，進歩のような肯定的な意味はないことに留意して欲しい。東アジアの人々の多くがそうでないのは，生態環境とこれに基づく別の文化選択が存在したからである。コメ栽培と魚，ダイズ，藻類などの生態環境では，それを美味しいと感じる文化が発達し，栄養学的にも牛乳に依存する必要はなかった（ハリス 2001，佐藤 2016）。

注意したいのは，第一に，我々が日常食べているチーズやバターが，西アジアの牧畜社会の出現を可能にした搾乳の発明に起源をもっていることである。そして搾乳による食料としての乳加工製品は，家畜の季節的リズムを前提とした保存食として発達したこと，さらに乳製品を食文化として社会に取り入れるには，生物学的な進化が必要だったことである。食べ物は長期にわたる人類の経験と叡智が蓄積された産物なのである。

4. 多様な牧畜社会

4-1 交易と遊牧国家

食料生産の観点から見ると，牧畜社会は，牧畜生産だけで食べていくことは難しい。乳加工製品が隣接する農耕民と交易され，穀類と交換されて入手されるのが一般的であった。とはいえ，これは農耕社会とて同

様である。農耕の生産物である穀類や野菜・果物だけに依存するヒト社会は珍しい。農耕社会の住民もまた肉や魚は狩猟や漁撈，家畜飼育を自集団内であるいは他集団と分業することによって得ている。ただ，牧畜社会特に季節移動を行う遊牧の場合，社会内部でのそうした分業は難しい。それゆえに，交易・戦争などによって当該社会とは別の生産物を入手するか，あるいは牧畜社会内部で部分的に農耕・狩猟・漁撈・採集を組み合わせる，あるいは部分的に定住化することが行われてきた。

　たとえば，東アフリカの乾燥地牧畜社会は大きく二つの傾向に分類できる。一つは北のラクダ牧畜民で長距離交易が重要な生業の柱となっている社会である。砂漠を移動するラクダの隊商をイメージして欲しい。もう一方は南の世界で，ここはラクダあるいはウシを中心とした比較的孤立的で自給自足的な牧畜社会である。後者の世界でラクダを飼うか，ウシを飼うかは生態環境が重要な決定要因となる。なお，後者の中には農耕をともなう半牧半農の場合があったり，家畜群に極度に依存する場合があったりする。南スーダンのウシ牧畜民ヌアー社会はそのような例として知られている人々である。伝統的な文脈では，ウシは単に経済的手段だけではなく，社会制度や時間観念，社会の倫理や制度などと密接に関わっており，ウシ文化複合とよばれる特徴的な社会をつくっている（エヴァンス＝プリチャード 1978，高倉・曽我 2011）。牧畜社会は，食料生産の不完全性ゆえに，生態環境や周囲の社会環境つまり国家や文明があるかないかによって，家畜生産の比重をどう変えるか大きな違いが出てくるのであり，牧畜社会とはいっても様々な様態をもっている。

　高校の世界史の中で，中国史は農耕民である漢族と遊牧民である北方民族との戦いと交易の中で展開していくことが記されている。秦の始皇帝が万里の長城を築くのもそれが理由であり，中国史の理解は漢族と北方民族との対立が軸となっている。いうまでもなく，この北方民族とは，

本章でいう乾燥地型牧畜社会である。モンゴルや中央アジアの牧畜社会は，その南部に位置する農耕社会との歴史的関係の中で，巨大な帝国も含む遊牧国家をつくり上げてきた。

我々が国家というものを考えるとき，最初に想像するのはある領域の中で政治＝軍事的な力を正統に独占する組織というものであろう。それゆえにその組織は土地の支配とその収穫物の再分配を行う社会的機能（徴税と分配）や領域内の社会的紛争の調停（法）も可能にするのである。そこで想定されているのは，農耕社会を基盤とする富と力の組織化である。しかし，乾燥型牧畜は，それとは異なる遊牧国家をつくり上げた。その代表例はチンギスハーンのモンゴル帝国である。彼らは土地の支配による富ではなく，家畜を富の源泉とした。放牧地は父祖伝来の優先権のようなものによって大まかに定められていたが，それはこの社会が，複数の家族が父系の同族と連携して組織をつくる「部族社会」の原理で組織化されたことを意味している（12章2節参照）。もちろん実際の放牧地には親族以外の様々な人が暮らしていたが，あえてわかりやすくいえば，行政組織構造が，父系系譜の原理によっていたのである。つまり有力な氏族長や部族長は，千戸長，万戸長とよばれる軍隊組織となり，それを中核とする国家が作られ，やがて帝国へと発展した（宮脇1990）。

4-2　寒冷地牧畜

　乳利用を行わない寒冷地牧畜と高地牧畜もまた多様な社会をつくっている。ヨーロッパ北部からシベリアにかけて見られるのはトナカイ牧畜社会である。この牧畜の特徴は，橇や騎乗など運搬利用をするために50から100頭程度の小規模な家畜群を維持し，移動的な生活を送り，狩猟や漁撈，採集という形で食料を確保する点にある。彼らの生活は，乾燥地牧畜社会と異なり，農耕社会との食料交換なしに維持することが

可能だったことである。もちろん，南シベリアや中国東北部などのトナカイ牧畜社会は，隣接する農耕社会と接触はあったし，多くのシベリア先住民は帝政ロシアの版図に組み込まれてからは，小麦などの栽培植物も重要となった。だが，寒冷地牧畜社会の特徴は，狩猟採集との連続性にあり，それゆえに自給自足的な生活が可能だった点にある。

興味深いのは，19世紀になるとシベリアのツンドラ地帯において別々に暮らす二つの民族がほぼ同時期に，家畜頭数をたとえば1000～2000頭に拡大させ，食料の多くを家畜トナカイに依存する社会をつくり上げたことである。この背景にはそれまで確保していた野生トナカイの減少やロシア植民地主義の影響などが考えられているが，正確な理由は不明である。ただ，そのような大規模トナカイ飼育を行っても，漁撈は重要な生業であった。ユーラシア北部は無数の湖沼と河川が点在する空間であり，寒冷地牧畜民にとって魚はなくてはならない資源だったのである。

一方19世紀においては，ツンドラの南に広がる北方針葉樹林帯（タ

写真5－1　ロシア・サハ共和国のエヴェン人によるトナカイ飼育（2008年，高倉浩樹撮影）

イガ）は，従来通りの小規模家畜群の飼育と狩猟漁撈の複合が中核的な生業だった。興味深いのはこのタイガのトナカイ牧畜民は搾乳を行うことである。とはいえ，生物としてのトナカイから搾乳できる量は限られており，これを加工食品にすることはなく，自家消費として用いるだけだった。このタイガ地帯でも20世紀になるとツンドラ側の影響を受けて，大規模なトナカイ飼育を行うようになる（高倉・曽我 2011）。その意味では，寒冷地牧畜の本質は，環境や社会的条件に応じて家畜トナカイの数の多寡を決定させる能力とそれに比例する形で狩猟や漁撈の比重を定めるという柔軟性に基づく自給自足性にある。それが再び発揮されたのは，20世紀末のソ連崩壊期であった。国営農場システムが崩壊する中で，シベリア先住民の中には定住村から離れ，トナカイの群を追いながらの遊牧生活に戻る人々が出現したのであった。

4-3　高地牧畜

　ユーラシアとアフリカで広がった牧畜とは，まったく別の形で発生・展開したのが南アメリカの高地牧畜である。南アメリカではモルモットやラクダ科のアルパカやリャマなどが6000年前に飼育化されたことがわかっている。少なくともインカ期まではラクダ科の二つが唯一牧畜的家畜だったが，スペイン人の到来以降，旧大陸のウマやヒツジ・ウシなども飼われるようになった。アンデス高地ではこのうちアルパカとリャマの家畜群飼育は，独自の牧畜社会をつくりだした。

　乾燥地牧畜と同様に，高地牧畜はアンデスの農耕社会と密接な関係をもっている。山地に展開するアンデス先住民の生活はどの高さに居住地を設定するかで同じ民族でも生業が異なってくる。たとえばある場合，3400～3800メートルでは牧畜に加えて，トウモロコシや豆類などが栽培されるが，それ以上になるとジャガイモだけが栽培され，さらに

4100メートル以上になると農耕は不可能で牧畜だけが行われるのである（若林 2014）。

　リャマやアルパカの乳は量が少なく乳製品としては利用できない。もちろん家畜の肉も食料となるが，寒冷地牧畜のように肉畜ではない。なぜ飼育されるかといえば，家畜の輸送力と毛皮の経済的家畜であり，これによって低地に暮らす農民との交易活動を可能として，専業牧畜社会を成立させているのである。

　リャマやアルパカの家畜群の飼育にあたっては，乾燥牧畜や寒冷地牧畜に見られるような広大な距離を移動させる必要がない。熱帯高地という生態系がそのような飼育を可能にしている。さらに興味深いのは，アルパカの祖先である野生ビクーニャの狩猟である。これは毛入手を目的としたもので，捕獲し刈取された個体は生きたまま解放される（稲村 2014）。こうしてみるとアンデス牧畜は，高地という地域生態系の組み合わせによって支えられており，それが低地社会との経済関係によって成り立っていることがわかる。

5. 共生的牧畜

　ヒトは万物の霊長としてすべての植物や動物を栽培化・飼育化できるのだろうか。人類史が示してきた答えは否である。栽培化できた植物の数は何百何千種もあるが，このうちヒトの食料生産に直結する穀類は15種類ほどで，その中でもトウモロコシ，イネ，コムギが栽培面積，生産面で他を圧倒している。動物になると飼育化できたのはわずか14種しかおらず，このうち群を作る動物として牧畜社会をつくりだすのに貢献したものは9種しかいない（ダイヤモンド 2000）。シマウマは飼育化に成功していない動物の代表例である。

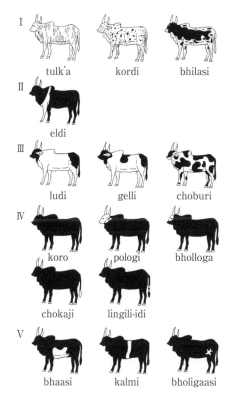

図5－4　アフリカ・ボディ社会に主要なウシの認識と分類
出典：（福井 1991：140）

　家畜としてのある生物集団が世代を超えて存続するには動物側にもメリットが必要なのである。生態学的にはヒトと家畜の共生関係というものである。いずれの牧畜社会もこの共生関係が十分に含められ，家畜が社会の構造や道徳などの価値観と結びついていることが知られている。たとえば野生下では捕食圧力のため単純化する動物の毛色が，家畜では経済的・文化的価値が付与され多様化する（図5－4）。家畜の生物としての特性，いわば動物の能力を発展させることでヒトの社会は独自の

生活様式をつくることができた。我々が学ぶべきは，動物の生物学的特性を最大限に利用するかたちで特徴づけられる人類社会の可能性である。極度の乾燥でも寒冷でも高地でも家畜と共生を行うことで人類はその生存の可能性と文化の多様性を最大化してきたのである。

引用文献

稲村哲也『遊牧・移牧・定牧』（ナカニシヤ出版 2014 年）
エヴァンス＝プリチャード，E., 向井元子訳『ヌアー族』（岩波書店 1978 年）
佐藤洋一郎『食の人類史―ユーラシアの狩猟・採集，農耕，遊牧』（中公新書 2016 年）
ダイヤモンド，J., 倉骨彰翻訳『銃・病原菌・鉄――一万三〇〇〇年にわたる人類史の謎』（上）（草思社 2000 年）
高倉浩樹・曽我亨『シベリアとアフリカの遊牧民』（東北大学出版会 2011 年）
谷泰『牧夫の誕生』（岩波書店 2010 年）
ハリス，M., 板橋作美翻訳『食と文化の謎』（岩波書店 2001 年）
平田昌弘『人とミルクの 1 万年』（岩波書店 2014 年）
福井勝義『認知科学選書 21　認識と文化―色と模様の民族誌』（東京大学出版会 1991 年）
三宅裕「The Walking Account：歩く預金口座―西アジアにおける家畜と乳製品の開発」常木晃編『食料生産社会の考古学』（朝倉書店 1999 年）
宮脇淳子「草原の覇者―モンゴル民族の形成と発展」護雅夫・岡田英弘編『民族の世界史 4　中央ユーラシアの世界』（山川出版社 1990 年）
若林大我「中央アンデス高地における日常食と儀礼食」高倉浩樹・山口未花子編『食と儀礼をめぐる地球の旅』（東北大学出版会 2014 年）

もっと学びたい人のために

池谷和信『現代の牧畜民―乾燥地域の暮らし』(古今書院, 2006年)
小長谷有紀『モンゴルの春』(河出書房新社 1991年)
高倉浩樹『社会主義の民族誌―シベリア・トナカイ飼育の風景』(東京都立大学出版会 2000年)
谷泰『牧夫フランチェスコの一日―イタリア中部山村生活誌』(平凡社ライブラリー 1996年)
松井健『遊牧という文化―移動の生活戦略』(吉川弘文館 2000年)

1. 牧畜社会の最大の特徴はなんだろうか。
2. どのようにして人類は乳製品を食料とすることができたのだろうか。

6 | 食べ物をつくりだす技と場

梅﨑　昌裕

《目標＆ポイント》　現代農業が成立するより前に地球上で広く営まれていた農耕を在来農耕とよぼう。現代農業の特徴は，植え付けや収穫などだけでなく，作物の生長のための物質循環，水の供給，温度管理などにも人間が関与することである。それに対して，在来農耕は植え付けや収穫は人間が管理するものの，作物の生長に関わる部分は自然生態系のサービスに依存するという特徴がある。在来農耕は他の生業との複合的なシステムを形成しており，自然に対する広範な知識に裏打ちされているようなものである。本章では，焼畑農耕，水田耕作，サツマイモ耕作などを事例に，在来農耕の特徴を学んでいこう。
《キーワード》　焼畑，水田，在来知，環境制約

1. はじめに

　いかなる農耕においても，栽培化された植物の植え付けや収穫は人間によって管理されるのが原則である。一方，植物や動物の成長そのものには，大気の管理，物質循環，水の供給など自然生態系のサービスが大きな役割を果たしている。自然生態系のサービスを利用する度合いは農耕タイプによって異なり，焼畑などの在来農耕ではその度合いが大きい。したがって，在来農耕の実践には自然についての広範な知識が必要とされる。また，在来農耕は，狩猟採集や家畜飼養，漁撈など，ほかの食料獲得行動と一緒に複合的なシステムを構成していることが多い。たとえば，在来農耕としての水田耕作には，水田の中での漁撈・養殖，水田内および畦面に生える野草，オタマジャクシ，タニシなどの小動物の採集

が付随する。一方，現代農業，特にビニールハウスの中で行われる水耕栽培などは自然生態系のサービスへの依存が小さく，ほかの食料獲得行動とは独立して営まれるのが普通である。

2．焼畑農耕

2-1　耕作の手順

　焼畑農耕は，二次林または自然林を伐採し，そこに火入れをすることによって作物を栽培する空間をつくりだす農耕の一つの形態である。伐採した樹木や下生えの草本を燃やすことによって肥沃な畑をつくりだし，休耕期間をとることで生態系サービスを利用した地力の回復が可能となる点に特徴がある。表6-1は，南米のアマゾンで，伐採・火入れによってつくった畑（焼畑）とブルドーザでつくった畑の生産性を比較したものである。陸稲，キャッサバ，大豆を植えた場合，いずれの作物も焼畑のほうが生産性が高く，特に3年目の陸稲と大豆の生産性ではそれが顕著である。この理由としては，樹木や下生えが燃えてできた灰が肥料になるほか，ブルドーザで整地した場合に比較して，土壌が踏み固められないので水分を含みやすいこと，肥沃な表土が維持されることなどが指摘されている。

表6-1　伐採・火入れによってつくった畑（焼畑）と地表面をブルドーザで整地してつくった畑の生産性の違い（単位：トン／ヘクタール）

	陸稲（1年目）	陸稲（2年目）	陸稲（3年目）	キャッサバ	大豆
焼　　畑	1.93	1.36	0.77	22.5	0.72
ブルドーザ	1.09	0.92	0.20	10.1	0.12

出典：Moran EF (2000) Human Adaptability: An Introduction to Ecological Anthropology (2nd edition). Westview Press, p. 284

具体的なイメージをもってもらうために，まず著者が調査したパプアニューギニア東セピック州で行われている焼畑を紹介したい（写真6-1）。この地域の焼畑は雨季が始まる前に，二次林を伐採することから始まる。十分な休耕期間をおいた二次林では，樹木が20メートル以上の高さになっている。切り倒した後の処理がしやすいように，あらかじめ樹幹の枝葉が切り落とされる。男たちが木の高いところまで登り，片手で幹につかまりながら，もう一方の手にもった鉈で枝を払う様子を見ると，焼畑農耕には個人の高い身体能力が必要とされることがわかる。切り倒された樹木は，そのまま焼畑の境界線として使われることもあれば，乾かして薪材として活用されることもある。枝葉や刈り取られた下生えは，数か所にまとめたうえで乾燥させ，最終的には火をつけて燃やす。乾季のおわりに見晴らしのよいところから眺めると，下生えを燃やす煙があちこちに立ちのぼるのを見ることができる。

ひらかれた焼畑には，バナナ，タロイモ，ヤムイモ，サツマイモ，キャッサバ，サトウキビ，マメ類，キュウリ，トマト，葉野菜など，様々な作

写真6-1　火入れをしたばかりの焼畑。パプアニューギニア東セピック州の焼畑。(梅﨑昌裕撮影)

物が植えられる。つくり始めて1年目の焼畑ではイモ類や葉野菜など相対的に栄養要求の高い作物が収穫され，2年目以降は，バナナやサトウキビ，キャッサバなどが不定期に収穫される。肥料が与えられることはなく，除草もほとんど行われない。これは，東南アジアに見られる陸稲の焼畑が雑草との戦いであるのと対照的な特徴である。通常は植え付けを始めて4年目には畑として利用されなくなり放棄される。

2-2 焼畑のバリエーション

　佐々木（1965）は，世界の焼畑農耕を大きく二つのタイプに整理している。一つは，根菜型焼畑農耕であり，東南アジアの熱帯降雨林を起源地とし，タロイモ・ヤムイモ・バナナ・サトウキビなどの栄養繁殖をする作物を中心にした耕作が行われる。最初に紹介したパプアニューギニアの焼畑もこのタイプのものである。もう一つのタイプは，雑穀栽培型の焼畑農耕であり，シコクビエ，モロコシ，アワ，キビなどを中心とした種子作物が栽培され，ゴマなどの油脂作物が随伴するという特徴をもっている。このタイプの焼畑は，アフリカからインドにかけてのサバンナ地域を起源地とし，乾燥した灌木林のある地域で見られることが多い。

　もちろん，焼畑には，それぞれの地域環境に応じて様々なバリエーションがあり，上記の二つの類型が混合したような焼畑，根菜型焼畑農耕に陸稲が加わるものなども見られる。パプアニューギニアの降水量の多い地域では，二次林の中にまずバナナを植え，そのうえで樹木を伐採して，倒れた木の間から成長するバナナを収穫するというタイプの火を使わない方式の耕作も行われている。かつての日本でも，焼畑は主に山間部における一般的な耕作方式であり，ソバや大豆，カブなどが栽培されていた。

2-3 ほかの生業との複合

　焼畑農耕で自然林や二次林が伐採されることは，自然生態系にとっては「攪乱」である。攪乱とは，台風などの自然の力あるいは人間の活動による生態系の構造の変化を指す用語であり，その効果が大きすぎると，生物種やバイオマス（生物量）が減少し，いわゆる環境破壊に繋がる。一方で，適度な攪乱は生物多様性の維持によい効果をもつことが知られている。熱帯降雨林の自然林や十分な休耕期間の経過した二次林では，太陽エネルギーをめぐる植物同士の競い合いが樹冠部で行われるようになり，地表にはほとんど太陽光線が届かない。太陽光線が届かないために地表部ではほとんど植物が成育せず，またそれを餌とする野生動物も少ない。実際，パプアニューギニア低地の自然林を歩くと，昼間でもたいへん暗く，また下生えがほとんどないために歩きやすいのが印象的である。長い休耕期間を経た二次林は，地表部に限っていえばバイオマス・生物多様性ともに低い状態にある。焼畑のための伐採によって，二次林が人為的に攪乱されると，地表に太陽光線が届き，そこには人間が植える栽培化された植物以外にも様々な植物が生育し，それを餌とする小動物が生息するようになる（図6－1）。

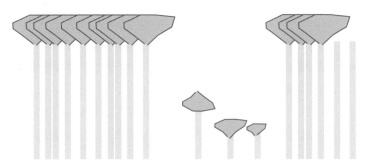

図6－1　焼畑耕作による二次林の攪乱と新しい生態学的環境の創出　出典：筆者作成。

興味深いことに，パプアニューギニア低地社会では，焼畑として使った後の二次林が，家畜であるブタの飼養にとって重要な空間になっている。飼養されるブタはメスか去勢されたオスである。村にはブタ小屋があり，夕方になるとブタは村に戻るものの，昼間は放し飼いであり自分で森をうろつきながら餌を探す。ブタの餌が多いのは焼畑耕作が行われた後の二次林であり，そこには人間が放棄してから自然に育ったイモ類などを見つけることができる。また，焼畑跡地の二次林には野生のブタも現れる。飼養されるメスのブタはこの野生のオスブタと交配して森の中で子どもを産む。飼養するメスブタが村に戻ってこないことで子ブタが生まれたことを察知した飼い主は，森に入って子ブタを探し，村に連れ帰る。飼い主が見つけられなかった子ブタは野生化して，野ブタとなる。

2-4　狩猟・採集の場としての焼畑

焼畑農耕について，もう一つ事例を紹介しよう。中国の海南島に暮らすリー族は，在来の陸稲，トウモロコシ，タロイモ，ヤムイモ，キャッサバ，カボチャなどを混植する焼畑農耕を行っていた。この焼畑を研究した西谷大は，人々が，焼畑の内部に生えてくるテリミノイヌホオズキ（ナス属）という野草を除草することなく繁茂させるばかりか，周辺からも積極的に移植することを報告している（西谷 2003）。テリミノイヌホオズキは，生長する速度が焼畑に植えられる作物とほぼ同じで，大きくなりすぎて作物の生長を阻害することがない。しかも食味も悪くないため，1年をとおしてご飯のおかずになるという。

この焼畑では,アカネズミの仲間を対象にした罠猟も頻繁に行われる。ネズミは谷筋の小川沿いに穴をほって，そこを巣にしている。日が暮れると巣を出て,餌となる作物がたくさん植えてある焼畑に侵入する。人々

はネズミの通り道にトラバサミ罠をしかけ，翌朝に回収にいく。一人の個人が1年に300〜400匹のネズミを捕獲すると推定され，肉はお酒のつまみやご飯のおかずとして食べる。そもそも，アカネズミの乾燥肉は，この地域で人気のある食べ物であり，その値段は豚肉などよりもはるかに高い。リー族にとっての焼畑は，作物の栽培だけでなく，野生動植物の採集・狩猟の場としても機能する複合的な生業の場となっていた。

　近年，焼畑は環境破壊に繋がる農耕であるとの批判を受けることも多い。しかしながら，在来の焼畑農耕は，耕作と休耕のサイクルが変わらなければ，耕作地と二次林の比率は一定であり，また適度な攪乱によって様々な動植物の生存ニッチを創出する人間活動であるともいえる。ただし，何らかの原因で人口が急増するような状況では，耕作地を拡大するために休耕期間の短縮や自然林のあらたな伐採などが行われ，それが環境破壊につながるケースもある。インドネシアのスマトラ島やボルネオ島で見られるような，他の地域からの移住者による大規模な森林伐採と火つけは，在来の焼畑とは区別して考える必要があるだろう。

3. 水田耕作

　水田耕作で栽培されるのは稲である。ミクロネシアなど水田でタロイモが栽培される地域もあるが，世界的に見ればほとんどの水田には稲が栽培されている。水田耕作の特徴は，耕作地に水を出し入れすることである。天水田とよばれるものは，雨水をためて稲を育てるものである。耕作時期は雨期に限られる。一方，灌漑された水田には用水路と水田の間で水の出し入れが可能である。用水路に川から水を引くことができれば，乾期にも耕作が可能となる。水の出し入れは稲の収量に影響する大事な作業であり，田植えから収穫までこまかい水の出し入れを行う。ま

た水の出し入れによって，土壌の養分バランスや生物相が攪乱されることで連作障害が起こりにくくなるといわれる。

　水田で耕作されるイネには，ジャポニカ品種とインディカ品種がある。ジャポニカ種は長江の中下流域にある7000年前の遺跡から見つかったという報告がり，その周辺が原産地と考えられている。一方，インディカ種については，現在のところその原産地についてのはっきりした知見は存在しない。ジャポニカ品種は主に東アジアで，インディカ品種は東南アジアから南アジアを中心とした地域で生産されている。

　現代的な水利システムが導入される前の水田耕作では，雨の少ない時期，水は競合資源であった。水田の近くにある川の水面は水田よりも下にあるので，水田に水を入れるためには，揚水水車やポンプなどを使ってくみ上げるか，もしくは川の上流にせき止めダムをつくり，そこから取水した水を用水路を使って水田まで引き入れる必要があった。用水路の水が流れるためには，せき止めダムの水面が水田よりも高くなければならず，ゆるやかな傾斜で流れる川の水を使う水田では，長い用水路が必要となる。用水路はそこを流れる水を利用する人々の共有財産であり，その管理は共同作業で行われた。用水路には，利用するすべての水田に水が行き渡るようにするためのルールあるいは調整権限をもつ管理者が存在することが多い。一つの川にはいくつもの取水堰があるのが普通であり，渇水時には下流の取水堰をもつグループと上流の取水堰をもつグループの間で争いが起こることも珍しくなかった。

　水田は稲を栽培する場であると同時に，漁撈，養殖，採集，そして稲以外の作物の栽培が行われる場であった。水田漁撈の調査を行った安室（2001）によると，農薬の利用が本格化するまでの日本各地の水田および用水路では，タニシ，ドジョウ，フナ，ウナギ，コイ，ナマズ，メダカ，タナゴ，エビ，カニが漁獲されていた。たとえば，田植え前に産卵

のために田に入ってくるフナをヤスで突いたり，中干し（田の水をいったん落とす作業）の時には，田からの排水溝にウケ（一度入ると逃げられない構造をもつ漁具）を仕掛けてフナやドジョウをとるなど，稲作のパタンにあわせて様々な漁法が存在した。現在でも，東南アジアの農村地帯では，水田漁撈が行われているところも多く，著者が調査をしたジャワ島のスンダ農村では，タウナギ，ライギョ，カダヤシなどが漁獲されていた。また，中国・海南島の水田では，オタマジャクシ，カニ，エビ，ケラ，タニシなどの小動物もさかんに採集されていた。

　水田およびその周辺には，様々な野草が生える。水田は人間が新しくつくりだしたニッチであり，湖沼および川の岸辺にある浅い湿地に生態環境が似通っている。水田およびその周辺に生える植物は，もともとはこの湖沼および川の浅い湿地に生息していたものが，水田耕作の伝播に随伴して世界中に分布を拡大したものであると考えられている。著者が中国の海南島リー族の村落で実施した調査では，畦に29種，水田内に19種，そして水路に38種の野草を確認した。畦に生えた野草のうち5種，水田内に生えた8種，水路に生えた25種が食用とされていた（写真6-2）。おもしろいことに，インドネシアのスンダ農村で実施した調査でも，海南島でよく食べられていた野草が食用にされていることを確認することができた。ただし，水田周辺に生える野草は，　ただゆでただ

写真6-2　水田の周辺で採集された可食野草
（梅﨑昌裕撮影）

けでは食味が必ずしもよいわけではないので，フライパン，油，アミノ酸調味料という技術が導入されたことで，近年になって食べられる頻度がふえた可能性もある（梅﨑 2004）。

　水田およびその周辺に生える野草は，ウシやスイギュウを育てる飼料として使われることも多かった。日本の但馬牛の飼育方法について調査をした加藤は，上流部にある棚田の畦に生える野草がウシの主たる飼料として使われることを報告している（加藤 1995）。海南島の水田では，スイギュウに水田の畦の野草を食べさせる姿を見ることができた。水田の畦は日当たりが良く土壌も肥沃なので，大豆などの作物を栽培する空間としても使われてきた。

4. 在来知のあり方

　ここまで説明してきた焼畑農耕と水田耕作では，それを行う人々のもつ在来知（indigenous knowledge）が大きな意味をもっている。たとえば海南島の水田周辺に生育する可食野草の利用は，どの草が食べられるか，どの草が薬草となるかについての知識に裏打ちされている。私の調査で，水田周辺に生えている野草を網羅的に採集し，それを一つひとつとりあげながら村の女性たちに話を聞いたことがあった。彼女たちは，葉っぱを裏返したり根っこを触ったりしながら，一つひとつ現地の名前を教えてくれた。その仕草は，学名を同定する植物分類学の専門家によく似ているのが印象的だった。

　農耕に関わる在来知は，本や資料集としてまとめられているものではない。その社会の人々の頭の中にあって，人から人へと伝えられるようなものである。しかもその在来知に基づいて農耕を行う中で，新しい経験が積み重ねられることで，在来知は上書きされていく。

著者が調査を行ったパプアニューギニア高地のサツマイモ耕作に関わる，在来知の事例を紹介したい（梅﨑 2007）。農耕の基本原則によれば，作物の収穫とともに土壌から収奪される栄養素を何らかの方法で土壌に補給しない限り，持続的な作物の生産はできない。たとえば，現代農業では，作物ごとの栄養要求を考慮した化学肥料，あるいは腐葉土や家畜の糞便からつくった堆肥を投入することが前提とされている。パプアニューギニア高地のサツマイモ耕作では，特別な肥料を投入することなく，10～15年連続して耕作が続けられる。河川沿いにひろがる湿地帯など条件のよい畑では50年以上も連続してサツマイモ耕作が続けられていた。

　これまでの研究によれば，この地域の生態系は，サツマイモを持続的に耕作することを目標に，絶え間ない人為的な改変が行われてきたことが明らかになっている。具体的には，男性は地面に落ちた葉っぱがサツマイモの生産性に寄与すると考える樹木を畑に植え，女性は乾かしてすき込めばサツマイモの生産性が改善すると考える草本を除草せずに畑に残す。この行動が土壌の肥沃さに与える効果については，農学的な実験研究によって証明されている。この地域は人口密度が高く，自然林はほぼ消滅し，大型の野生動物はいない。景観はほとんどが耕作中のサツマイモ畑とその休耕地で構成されている。そこに生えている樹木や草本は，土地の持ち主によって選択的に植えられたか，選択的に除去されなかったものである。

　この地域で重要な在来知は，どの植物がサツマイモ耕作に寄与するかということについてのものである。一つひとつの畑に植えられている／生えている植物について，その畑の持ち主に話を聞くと，それぞれがいかにサツマイモ栽培にとってよいものであるかを力説する姿が印象的である。しかしながら，たくさんの人から話を聞くうちに，同じ植物でも，

人によって評価が分かれることがわかる。たとえば，現地の言葉でポゲと呼ばれるイチジクの仲間のように，全員が「サツマイモ耕作に寄与する」と判断する樹木がある一方で，ハロとよばれるマテバシイの仲間は，およそ半分の人によって「サツマイモ栽培に寄与する」，残り半分によって「サツマイモ栽培に寄与しない」と判断された。

　このような在来知のあり方は，「住民によって長い間かわることなく守りつがれてきた民俗知識」というステレオタイプ化されたイメージとは大きく異なっている。サツマイモ耕作のための植樹と除草に関わる知識体系の中に，集団でそれなりに共有され，実際にサツマイモ耕作に意味のあるコアな領域があるのは間違いない。そしてそのまわりには，個人レベルの経験によって新しく生まれ続ける，集団としては共有されていない大きな領域が存在する。まわりの領域にある知識の中には，実際にサツマイモ耕作に寄与するものもあれば，必ずしもそうでないものもあるだろう。このような在来知体系のあいまいな部分は，現代科学で重視される再現性，普遍性などの評価基準とは相容れない。それでも，自然環境の変化をはじめとする，農耕をとりまく状況の変化に対処をするための潜在的な選択肢としての意味があったのではないか。

5. 農耕の現代化で人類が失ったもの

　この章で学んだことをまとめよう。一つめは，在来知によって行われる農耕は，複合的であるということである。パプアニューギニアの焼畑農耕は生態系を攪乱することにより，狩猟や家畜飼養の空間を創出していた。海南島の焼畑農耕には，可食野草の採集およびネズミの罠猟が随伴していた。水田耕作は，米の生産に加えて，魚や小動物，可食野草の採集を可能にしていた。

焼畑耕作および水田耕作で主に栽培されるのは，イモ類やバナナ，穀物などの炭水化物を多く含む食品である。そこで行われる採集や狩猟の対象となる魚や動物はタンパクを多く含む食品，可食野草はビタミン類，食物繊維が豊富な食品である。すなわち，複合化した生業は，炭水化物，タンパク，ビタミン類などの，人間の生存にとって不可欠の栄養素をバランス良く含む食生活を可能にするものであったといえる。

　対照的に，現代農業では対象とする農作物の生産が最優先され，生業の複合性はほとんど失われている。現代の水田耕作では，重労働である除草作業を緩和し病害虫から作物を守るために農薬が使われたために，水田の可食雑草は大きく減少し，そのいくつか（たとえば，ナンゴクデンジソ）は絶滅危惧種となっている。また，水田漁撈の対象とされていた魚類も大きく減少し，また漁獲されることもなくなった。圃場整備された畑では，目的としない作物以外の植物は除去されるべき雑草であり，作物に害をおよぼす動物は駆除される。複合的な農耕では獲得可能であったタンパクやビタミンを多く含む食品は，現代農業ではその農耕とは切り離して生産されるべきものとなった。

　二つめのポイントは，在来農耕には，それを裏打ちする在来の知識体系が存在していたということである。その知識体系は，現代科学の知識体系のように専門家が整理してだれもが参照できるような状態で存在するものではなく，農耕を実践する人々の個人的な経験の中で生まれ，社会の中でゆるく統合された状態で存在するものである。個人の経験によって上書きされるようなあいまいな部分は，環境変化などへの潜在的な対処策リストとして機能してきた可能性もある。このような在来の知識は，書籍などに記録されることのなく人々の頭の中に存在するものなので，在来農耕が消滅すると，それとともに消滅するものである。産業革命以降のグローバライゼーションの中で，在来農耕から現代農業への

転換が進んでいるが，それぞれの地域で現代農業を適切に実践するためにも地域ごとに培われた在来知の体系が意味をもつ可能性が指摘されている。今後，在来農耕およびそれを裏打ちする知識体系への再評価がすすむ可能性もある。

引用文献

梅崎昌裕「環境保全と両立する生業」篠原徹（編著）『中国・海南島―焼畑農耕の終焉』97-135 ページ（東京大学出版会 2004 年）

梅崎昌裕「パプアニューギニア高地農耕の持続性をささえるもの―タリ盆地における選択的植樹と除草」河合香吏（編著）『生きる場の人類学―土地と自然の認識・実践・表象過程』271-295 ページ（京都大学出版会 2007 年）

加藤正彦「但馬牛飼養と棚田―藁と野草の利用と認知」人と自然 6：87-100, 1995 年.

佐々木高明「焼畑農業の研究とその課題―≪焼畑の比較地理学≫への一序論」．人文地理 17：630-656, 1965 年．

佐藤廉也「熱帯地域における焼畑研究の展開―生態的側面と歴史的文脈の接合を求めて」人文地理 51：47-67, 1999 年．

西谷大「大きな罠小さな罠―焼畑周辺をめぐる小動物狩猟」アジア・アフリカ言語文化研究 65：229-25, 2003 年．

安室知「『水田漁撈』の提唱―新たな漁撈類型の設定にむけて」国立歴史民俗博物館研究報告 87：107-139, 2001 年

もっと学びたい人のために

佐藤洋一郎（編）『米と魚―食の文化フォーラム』（ドメス出版 2008 年）
篠原徹『自然を生きる技術―暮らしの民俗自然誌』（吉川弘文館 2005 年）

学習のヒント

1. 世界の様々な焼畑農耕で、どのような作物が栽培されているかを調べてみよう。
2. 農業にたずさわる人に、上手に作物を育てるために、農業指導書には載っていないような工夫をしているかどうか聞いてみよう。

7 | ヒトの家族の起源

今村　薫

《目標&ポイント》　動物の中で，ヒトだけが様々なかたちの家族をもち，そのうえに親族，地域集団などの重層的な社会組織とネットワークを形成する。人類の家族は，インセスト・タブー，外婚，コミュニティーの存在，性別分業などの重要な特徴をもつ。このような家族の類型と進化を，霊長類学の知見も踏まえて議論する。
《キーワード》　インセスト・タブー，外婚，コミュニティー，性別分業，核家族

1. 家族とは何か

　動物の中で，ヒトだけが様々なかたちの家族をもつ。また，社会全体として新たな家族が形成され，文化や社会が次の世代に継承されていく。
　家族は，居住空間をともにしており，生産活動（たとえば農業など）と消費をともに行うという特徴をもっている。また，家族は夫婦の性的関係で結ばれており，子どもを産み育てるという生殖と教育の場でもある。
　アメリカの社会人類学者ジョージ・マードック（2001）は，膨大な数の民族誌を統計的手法で比較し，家族の基本的な単位は，夫婦と未婚の子からなる「核家族」であると提唱した。この家族形態に特に「核」と名づけた理由は，第一にいかなる時代やどの地域においても，どんな形態の家族であっても，夫婦とその子どもが家族の構成員になっているからである。そして，第二に家族のもつ性，経済，生殖，教育という，最

も基本的な機能が，すべてこの核家族において果たされているからである。

この核家族論は，20世紀の欧米社会によく合致していた。そして，核家族は家族の原型であり，かつ現代社会が向かうべき方向とも見なされていた。

しかし，欧米以外の社会で詳細な民族誌が集積されるようになると，核家族論への批判も次々と出されるようになった。たとえば，かつてのインドのナヤール社会では，夫婦が家族の核なのではない。夫は夕食後に妻を訪問して翌朝早くに去ることになっていた。子どもは母親のもとで，母親の兄弟姉妹たちによって育てられた。このように，核家族とは真逆に見える社会もある。

核家族論への批判は，構造的側面だけでなく，マードックが重要な機能としてあげた経済と教育が，実際はこの小集団を単位としていないという点にも向けられた。この二つは，核家族を越えた大きな社会集団，つまり親族集団や地域集団において機能している社会が多いのである。

現在の人間社会において家族はこのように多様である。しかし，家族なしには人間は存在すらできないという一点で共通である。この人間の家族の起源について，動物としてのヒトの立場から探っていこう。

2. 霊長類の社会構造

家族という社会形態は，人類の進化史のどの時期につくられたのだろうか。家族とはいったいどんな機能をもち，どういった要請のもとに生まれてきたのだろう。

霊長類の社会構造の進化は，「より多くの個体と交渉を保とうという傾向と，特定の雌雄の安定した結びつきを達成しようという背反する二

本の糸に操られてきた」と伊谷（1987）はいう。

　人類祖先たちの行動や社会の姿を知るためには，人類と祖先を共有する類人猿の社会を比較することが必要である。

　類人猿には，アジアに生息するテナガザルとオランウータン，アフリカに棲むゴリラ，チンパンジー，ボノボ（チンパンジーに似ているが別種の類人猿）がある。ヒトを含めてこれらの類人猿は，ヒトに近い動物として生物学的にはヒト上科にまとめられる。

　およそ 2000 万〜1600 万年前にヒト上科からテナガザル科が分かれ，1500 万〜1200 万年前にヒト科の中でオランウータンが，次に 1200 万〜900 万年前にゴリラが分かれた。チンパンジーとの共通祖先と分かれて，ヒトが誕生したのはおよそ 700 万年前である。その後，180 万〜90 万年前にチンパンジーとボノボが分かれた（図 7-1）。遺伝子から見ると，ヒトとゴリラは 1.4％，ヒトとチンパンジーは 1.2％しか違わない。

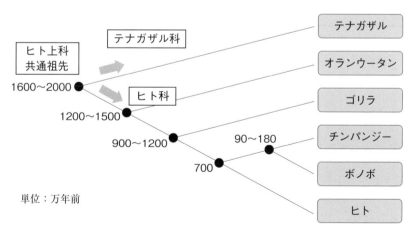

図 7-1　ヒトと類人猿の分岐年代

霊長類の社会構造は，まず，集団を形成するか否か，形成する場合，オトナの成員が雌雄それぞれ単数か複数かによって分類される。そして，第二に，集団が継承されるか否か，継承されるのなら，オス，メス，あるいは両性のいずれによって継承されるかで分類される（表7-1）。

表7-1 類人猿の社会構造

	集団を継承しない	集団を継承する
単独	オランウータン （オス・メス）	
単雄単雌（ペア）	テナガザル （オス・メス）	
単雄複雌		ゴリラ （メス）
複雄複雌		チンパンジー ボノボ （メス）

（　）は性成熟に達すると単位集団から出ていく側の性別

類人猿社会をこの基準で分類すると，第一の基準から，1）集団を形成しない単独生活者：オランウータン，集団を形成するものとして，2）単雄単雌型（ペア型）：テナガザル，3）単雄複雌型（ハレム型）：ゴリラ，4）複雄複雌型：チンパンジーとボノボ，に分類される。

また，第二の基準で分類すると，オトナになったオスの子もメスの子も親の元を出ていくオランウータン，テナガザル，オトナになったメスの子だけが集団を出ていくチンパンジー，ボノボに分けられる。ゴリラはメスの子は必ず親の元を出ていくが，オスの子は生まれた集団を出ていく場合と，集団を継承する場合の両方が報告されている。つまり，これら5種類の類人猿は，すべて，メスの子が単位集団を出ていくという共通点をもっており，「非母系」でまとめられる。

ここで，非母系がもつ意味について考えてみよう。母系であるニホンザルを例にとると，集団はメスが核となって母から娘へと継承される。この集団は一定のテリトリーを群れで移動する。テリトリーとは，餌を確保するために，ある群れが排他的に保持し遊動する土地・空間のことである。オスの子は，オトナになると生まれ育った集団を出ていき，ヒトリザルを経て他の集団に移入する。つまり，メス側から見れば，他所から入ってくるオスは，繁殖のための交尾相手であり，集団のテリトリーを守ってくれる用心棒のような存在である。
　ニホンザルは，オスどうしメスどうし厳格な順位がある。この順位により，餌や交尾相手をめぐって毎回ケンカせずにすんでいる。言い換えると，厳格な順位が共存を可能にしているのである。オスは力によって首位に上りつめるものもいれば，順位競争の途中で集団を抜けてヒトリザルになったり，あるいは別の集団に移りすんだりする個体もいる。
　一方，メスの方は，母親の順位がそのまま娘の順位に反映するので，上位の家系と下位の家系にはっきり分かれる。下位の家系に生まれた娘は，一生涯，上位の家系のどの個体よりも順位が下なのである。
　このように霊長類には母系の社会が多いが，類人猿のように非母系の社会もある。類人猿の社会は母系社会と異なり，順位が世代を超えて固定することはないので，個体の関係がより柔軟で多様になるという特徴がある。
　テナガザルとオランウータンは，それぞれペア型と単独生活者だから，集団内に順位はない。チンパンジーとボノボは，乱婚型で父親が不明なので，父から息子に順位が継承されることはない。メスの子は集団から出ていくので，母から娘に順位が継承されることもない。
　ゴリラについては，単位集団のオトナのオスは基本的に1頭だけであり順位というものが存在しない。メスの子も性成熟に達する（つまりオ

トナになる）と集団を出ていくので順位が継承されることはない。

　ヒトの社会の原型がどのようなものであったかを類人猿の社会から類推すると，やはり非母系的で，個体間の順位や社会関係が固定化されていない柔軟なものであったと想像できる。

3. インセスト・タブー，そして外婚

　人類学者の今西錦司（1961）は，人間家族の起源を知るためには，霊長類学的アプローチと民族学的アプローチの二つが必要であると唱えた。彼は民族学の文献を広く渉猟し，これだけの条件があれば「人間家族」とよんでよいという段階があるとした。その条件とは1）インセスト・タブー，2）外婚，3）地域社会，4）労働の性別分業，の四つが存在することである。今西は，これらの条件のうち分業を除く三つの条件が，すでに類人猿社会に備わっていると考えた。

　類人猿の社会を参考に，今西の提唱した人間家族の4条件について検討してみよう。

　インセスト（近親相姦）の回避とは，近い血縁者間での性交を回避することである。多くの社会ではそれはタブーとなっているが，社会によってどの関係をインセストと見なすかは異なる。おじ―姪，おば―甥，いとこ間では，それをインセストとみなして禁じるかどうかは社会によって異なる。しかし，最も血縁度の高い関係，つまり母親と息子，父親と娘，そして兄弟姉妹間では，世界中で例外なく性交があってはならないとされている。

　親族構造の研究者として有名なフランスの人類学者レヴィ＝ストロースは，家族の成立過程と維持機構に注目し，家族は単独では存在しえず，ほかの家族との相互的な絆のもとで初めて存続可能であるという考え方

を示した。新しい家族は結婚によって始まる。親族どうしは女性（嫁）の与え手側と，もらい手側との間で，女性をとおして結ばれ，互いの絆を深めていくと考えた。人間の伝統的社会で見られるインセスト・タブーは，結果として外婚（生まれ育った集団と異なる集団のメンバーと結婚すること）を導き出した。また，外婚は女性を親族間の交換に用い，それによって親族間の関係を強化するために発達した社会制度だと考え，この制度こそが，人間を自然状態から文化の世界に引き上げたと述べたのである（レヴィ゠ストロース 1978）。

しかし，インセストの回避は，人間だけが行うものなのではない。ヒト以外の動物も，自然とインセストを回避している。すでに述べたように，動物社会一般は，群れで生まれた子は性成熟に達すると，オスまたはメスが集団を出ていく。たとえばチンパンジー・ボノボの社会では，乱婚型であるために「父」は特定できないが，「娘」はオトナになると他の集団へ移籍して行くので，相互を認識できなくても父娘のインセストは回避される。こうして，集団の構造としてインセストが回避され，それぞれの単位集団は，ヒトの「外婚」集団と類似した機能を果たす。

動物のインセスト回避にはもう一つのレベルがある。同じ集団に共存している近親個体間で交尾が回避される心理的な回避である。

霊長類では，親子や兄弟姉妹関係を人間が認識するようには理解していないが，たとえばニホンザルなどでは，一緒に育った経験などによって「親しさ」が形成された個体どうしは，交尾しない傾向がある（高畑 1994）。このように「親しさと性関係は相反する」という心理的な回避は，ヒトの社会にも当てはめることができるだろう。

ヒトの社会は，心理的な回避を基層におきながら，制度としてインセストを禁止している。この「制度」が成り立つには，まず言語によってその社会のメンバーに規則が共有されている必要がある。また，規則を破っ

た者へ制裁や罰が科せられなければならない。この点で，厳密なインセスト・タブーとはまさしく人間社会に特有のものだといえる。

4. 重層的社会

4-1　地域社会

　多くの動物社会では，共同的な群れ生活と，元来排他的な家族生活を両立させることができていない。しかし，ヒトは，家族のさらに上に別の集団が存在するという重層的な社会を形成させている。これは単位集団どうしが，なんらかの協力関係をもたなければ成立しない。

　霊長類学の文脈では，霊長類の群れは，ある一定範囲の土地をともに遊動することで集団の輪郭を保っていることから，原初的なヒトの家族も一定の土地を遊動する生活を送っていたと想像している。そして，家族の上位集団とは空間的にともに遊動する人々，あるいは定住して近くに住んでいる人々の集団であり，この集団のことを共同体，あるいは地域集団とよんでいる。

　文化人類学の文脈では，上位集団を親族組織で語ることが多い。人間の伝統社会には，家族の上位にリネージ，さらにその上にクランとよばれる親族組織が存在するとされる。リネージとは，共通の先祖の系譜がたどれる父系あるいは母系の集団であり，その先祖には具体的な名前があり実在の人物であると想定されている。クランとは，共通の先祖を系譜によってたどることはできないが，神話や伝説によって先祖を共有する父系あるいは母系の集団である。

　いずれにせよ，ヒトの社会は，家族の上に何層にもわたる上位集団を重ねたり組み合わせたりしながら，複雑な経済活動や政治を可能にしてきたという大きな特徴をもつ。

このようなヒトの重層的な社会の原型として、ヒトに最も近縁なアフリカ類人猿の社会が有力な候補に挙げられる。つまり、ゴリラのような単雄複雌型と、チンパンジーやボノボのような複雄複雌型の2種類である。

ゴリラ型が原型であった場合、ゴリラの基本的単位集団である単雄複雌群が複数融合して、ヒトは上位集団をつくったことになる。初期人類の家族は、ゴリラ的な「一夫多妻」であり、この家族が複数集まって友好的な関係の地域集団を形成する。ゴリラの場合、オトナのオスは一頭だけなので、父親がはっきりしている点で、ヒトの社会に似ている。

一方、チンパンジー・ボノボ型が原型であった場合、オスもメスも複数いて乱婚的な単位集団から、特定のオスとメスが安定的な配偶関係を結んだ「家族」が析出してきた（西田 2007）と想像される。実際、チンパンジーでは特定のオスとメスが数週間ペアを形成することがある。しかし、このペアは長期間継続することはないし、また、オスが子どもの世話をするなどの父性行動をとることはほとんどない。

ヒトの家族の原型は、ゴリラ型であったのか、チンパンジー・ボノボ型であったのか。現在のところ、決着はついていない。

いずれにしても、ヒトは人類進化のある時点から重層的な社会を形成した。では、なぜヒトは類人猿のような単層の群れ社会ではなく、複数の家族の協力関係による重層の共同体をつくる必要があったのだろうか。

4-2 繁殖戦略と社会

家族の重要な機能の一つに生殖がある。霊長類の基本的単位集団は繁殖の単位でもある。初期人類の家族や雌雄の関係を考えるうえで、ゴリラ、チンパンジー、ボノボの繁殖戦略が参考になる。

ヒト科（大型類人猿とヒトからなる）の共通の祖先が暮らしていた豊かな熱帯雨林は，果物や葉などの食べ物が豊富にあり，母親が手をかけさえすれば子どもが確実に育つので，ヒト科の動物は少数の子どもを手間暇かけて育てる方向へ進化したといわれている。ヒト科は繁殖戦略として極端なまでの「少産多保護」をとってきたのである（古市 2013）。
　たとえばチンパンジーは，赤ん坊への授乳を4年前後行い，離乳してから交尾して出産するので，出産間隔は5～6年である。そのため，生涯に産める子はせいぜい5～6頭にすぎず，子どもの死亡率が高い野生状態では，ぎりぎりの繁殖戦略だといえる。
　ところが，ヒトの場合，授乳期間は文化・社会によって異なるが，普通は半年から数年であり，年子を生むことも可能である。ヒトは「多産多保護」の傾向があるのである。さらに，ヒトは離乳が早かったとしても永久歯が生えてくるのが6歳と遅い。チンパンジーやゴリラが離乳と同時期に永久歯が生えてきて，コドモがオトナと同じものを食べられるのとは異なる。ヒトは離乳後の子どもの世話が，他の類人猿よりも格段に必要なのである。
　なぜヒトは，手間のかかる子を，短い出産間隔でたくさん産むことができるのか。この多産多保護の戦略は，オスの育児参加によるものだと主張する研究者もいる。ヒトは進化の早い段階から，雌雄が安定した配偶関係を結んでおり，オスが母子を助けたという。
　現在のゴリラの父性行動にそのヒントを見つけることができる。ゴリラのメスは体重が90キログラムもあるのに授乳期間は3年と短い。赤ん坊が1歳を過ぎると，母親はその群れのリーダーオスに近づき，赤ん坊をオスのそばにおく。やがて赤ん坊は自分で母親から離れて，このオスについて歩くようになり，食物の取り方を覚えるという（山極 2012）。

アメリカの形質人類学者ラブジョイは，人類の古い祖先がすでに男女の持続的なペアをつくって暮らしていたと推測している。人類の祖先が最初に発達させた直立二足歩行という行動様式は，オスが特定のメスとその子どもに栄養価の高い食物を，手で運ぶことによって進化した可能性が高いというのである。

直立二足歩行のせいでヒトは難産になり，未熟な状態で生まれてくる赤ん坊の育児に関わることで，集団のメンバーの間の助け合いや，あるいは特定の男女の結びつきが強くなったという説もある。直立二足歩行を行うことで骨盤の形が，閉じた容器のような形になり，そのため産道が狭くなりヒトは難産になったからである。また，人類進化の後半の段階（ホモ属の出現）でヒトの脳は急激に大きくなり，難産に拍車をかけたともいわれている。

オスの育児参加を直立二足歩行と結びつけるのなら，家族の始まりは人類の起源，すなわち700万年前と一致することになる。

あるいは，人類の祖先が森林から捕食者の多いサバンナへ踏み出したときに，幼児を保護するために男が積極的に育児に参加したとするのなら，家族の始まりは，ヒトの祖先がアウストラロピテクスであったころ，すなわち400〜300万年前になるだろう。

いずれにしても，オスの育児参加は人類進化にとって決定的に重要な事柄である。そのオスは子どもの父親であると考えるのが自然だが，必ずしも遺伝的な父親であるとは限らない。血のつながりはなくても父親の役割を果たす男性が，母子と集団全体に必要であり，これが人間社会に広く見られる「制度としての父親」に繋がっていったことだろう。

4-3　性と個体間関係

類人猿は，季節的な繁殖期がなく，一年中繁殖が可能である。ただし，

メスには性周期があり，排卵日が近づき受精が可能な時期にしか性交渉をもたない。メスが確実に受精するためには，何らかの形でオスに自分の排卵期を知らせなくてはならない。そのアピールのことを発情といい，その期間を発情期という。チンパンジーとボノボのメスは，発情期になると，普段はしぼんでいる性皮とよばれる部分が大きな果実のように腫れ上がる。しかし，ゴリラはメスの交尾相手は群れのオス1頭だけなので，排卵をアピールする必要はなく，性皮の腫脹はほとんど見られない。

性皮の腫脹があるチンパンジー・ボノボは配偶関係が不安定な乱婚型であり，腫脹が見られないゴリラは配偶関係が安定した一夫多妻型である。

チンパンジーは極端な「少産多保護」の繁殖戦略をとり出産間隔が長いために，チンパンジーのメスはほとんど発情しなくなった。チンパンジーのメスが発情してオスと交尾できるのは，成熟してから死ぬまでの生涯のうちわずか5パーセントほどの期間でしかない。このような状況ではオスがメスの争奪戦を繰り広げ，オス間の競争が厳しくなる。チンパンジーでは異なる集団間のオスの殺し合いが起こるし，同じ集団の中ですら，オトナのオスが他のオスたちに殺されることがある。

一方，ボノボはまったく異なる方法で仲間同士の緊張関係を解決している。ボノボのメスは妊娠中や出産後の妊娠する可能性のないときにまでニセの発情をし，交尾を行う。ボノボのメスは成熟後，死ぬまでの生涯のうち27パーセントほどの期間に発情を見せる。そうなると，オス間の性をめぐる競合はかなり減るという。

チンパンジーは，オスの性的競合が極端に高まり，競合を生き抜く様々な社会的交渉のテクニックを進化させてきた。一方ボノボは，オスたちの競合を，メスのニセ発情という手段で抑制している（古市 2013）。

ゴリラは一夫多妻型で，前述したとおりメスの性皮はほとんど腫脹し

ない。リーダーオスを中心とした群れ（単位集団）は，一定の地域を遊動するが，排他的なテリトリーをもたないので，単雄複雌群のリーダーオスどうしの関係は対等に近いという（山極 2014）。しかし，群れの外側には，ヒトリゴリラが群れを乗っ取る機会をうかがっており，潜在的にオスどうしは敵対関係にあるといえるだろう。

　これらの類人猿の社会を参考に，性を介したヒトの社会の原型を考えてみよう。

　現在のヒトは，性皮が腫脹するなどの発情行動はまったく見られないが，排卵期と関係なく性交渉を結ぶことができる。山極（2012）は，人類の女性は進化の過程で性皮の腫脹という特徴を失ったのではなく，もともともっていなかったと推測している。

　また，雌雄の体格差，つまり性的二型と社会のタイプは相関がある。性的二型の大きい動物は一夫多妻型になり，性的二型の小さい動物は，一夫一妻型になるか，あるいは乱婚型になる傾向がある。

　ゴリラのオスの身体のサイズはメスの 2 倍（1.63 〜 2.37）あり，一夫多妻型である。チンパンジーとボノボの性的二型はゴリラより小さく（1.27 〜 1.36），乱婚型である。ヒトの性的二型（1.24）はチンパンジーよりさらに小さい。一夫一妻型のテナガザルは雌雄差が非常に小さいことで知られている。

　現在の人間社会の婚姻形態はどのようになっているのだろうか。マードックによると，彼が資料を得ることのできた 849 の社会のうち，一夫多妻の認められる社会は 83％，一夫一妻は 16％であり，一妻多夫の社会も 0.5％（つまり 4 例）だが存在した。一夫多妻が認められる社会でも，一夫一妻の夫婦がほとんどであり，一夫多妻は少数派である。人間は，文字や絵で記録を残せるようになった歴史時代を通じて，一夫多妻を認める社会においてさえ，一夫一妻が多数であり基本であったと考えてい

いだろう。

　さらに時代を遡り，700万～450万年前の初期人類の時代は，森林性の動物化石を同伴し，森林あるいは森林の周縁で暮らしていたと考えられる。その後は徐々に乾燥化した環境に適応していったことが確実なので，捕食者対策として複雄群集団を形成するようになった可能性が高い。森と草原を行き来していたのであれば，森では比較的小さなパーティに分散し，草原に出るときには大きなパーティをつくるというような離合集散をしていた可能性もある（早木 2016）。これらの化石人類は，体格上の性差は現代人なみに小さいことから，単位集団内の雌雄比はほぼ同じであったと考えられる。また，犬歯のサイズがチンパンジーより小さく，犬歯の性差も比較的小さいことから，オス間の厳しい競合関係が低下して許容性が高まっていたと想像できる。

　このことから想定される初期人類の社会は，雌雄はある程度安定した配偶関係をもち，かつ，雌雄が複数いる群れ生活をおくるという重層的な社会である。カップル内のメンバーは，カップル外の異性を含むメンバーと接触する自由を保持したままカップルを維持しなければならない。初期人類のメスが明瞭な発情の兆候を示さないという点は，重層社会の成立に不可欠であっただろう。個体間の協力関係の拡大と雌雄関係の安定という集団の中で相反するベクトルを一本にまとめることが必要だったのである（早木 2016）。

　集団は，ゆるやかにあるいは頻繁に離合集散しながら遊動域内を動き回っていたと考えられるが，そんな中で，他集団と遭遇することもあっただろう。もちろん見知らぬ他集団とは緊張関係にあっただろうが，顔見知りの他集団とは友好関係にあり，メンバーの移籍も頻繁にあったことだろう。

5. 分配と性別分業

　人類進化に関する仮説において，男性の育児参加がヒト化に重要な役割を果たしたであろうことは前述したとおりである。この男女の結びつきについて，性と経済の関係から大胆に推論したのがアメリカの人類学者フィッシャー（1983）である。

　彼女の説明によると，初期人類の女性は性交を行うことによって，男性からより確実に肉を分配された。女性は面倒見のよい男性を配偶者に選び，彼との性関係を強固なものにすることによって食料の供給を安定したものにしたい。一方，男性としては自分の遺伝子を受け継ぐ子どもだけに食物を分け与えたい。したがって，男性は生まれた子どもの「父親」として家族を保護するかわりに，ある女性との性交渉を独占するようになったという。

　フィッシャーをはじめ多くの研究者は，家族というものとして核家族を想定しがちである。そして，核家族は経済的にも独立した一つの単位であると考えがちである。そのため，狩猟採集民の性別分業や食料分配についても，一対の男女（夫婦）がそれぞれの収穫物である「肉」と「採集物」を交換すると誤解される場合が多い。

　しかし，現代の狩猟採集民を例にとると，狩猟で得た大型動物の肉はキャンプあるいはバンドといった共同体全体に最終的に行き渡るように分配される（第4章参照）。また，おもに女性が採集で集めた植物性の食物は，基本的には世帯ごとに料理して食べられるが，女性どうしで採集物をやり取りしたり，料理を他の世帯に分けたりするので，これもまた，最終的に共同体全体に行き渡る。つまり，肉と採集物は男性にも女性にも分配の末に行き渡るが，これは共同体での共有であって男性と女性の一対一の交換ではない。共同体こそが彼らの生存にとって決定的に

重要な経済単位なのであり，核家族は独立した経済単位なのではない（今村 2005）。

　人間は，「家族」と「共同体」の二つの集団に所属して暮らしている。これは本来，非常に複雑で不思議な現象である。家族が身内をいちばんに考えるえこひいきの集団であることに対して，共同体は平等あるいは互酬性を基本としており，成立の原理が違う（山極 2014）。人類は共同での子育ての必要性と，食をともにすることによって生まれた分かち合いの精神によって，家族と共同体という二つの集団の両立を成功させたのである。

引用文献

伊谷純一郎『霊長類社会の進化』（平凡社 1987 年）

今西錦司「人間家族の起源」『民族学研究』25：119-138 1961 年

今村薫「男は狩りに，女は採集に？」田中雅一・中谷文美（編）『ジェンダーで学ぶ文化人類学』24-38 頁（世界思想社 2005 年）

高畑由紀夫「失われた発情，途切れることのない性，そして隠された排卵」高畑由紀夫編『性の人類学―サルとヒトの接点を求めて』142-159 頁（世界思想社 1994 年）

西田利貞『人間性はどこから来たか―サル学からのアプローチ』（京都大学学術出版会 2007 年）

古市剛史『あなたはボノボ，それともチンパンジー？―類人猿に学ぶ融和の処方箋』（朝日新聞出版 2013 年）

早木仁成「共感と社会の進化―他者理解の人類史」河合香吏編）『他者―人類社会の進化』107-122 頁（京都大学学術出版会 2016 年）

フィッシャー, H.E. 伊沢紘生・熊田清子訳『結婚の起源―女と男の関係の人類学』（どうぶつ社 1983 年）

マードック, G.P., 内藤莞爾監訳『社会構造―核家族の社会人類学』（新泉社 2001 年）

山極寿一『家族進化論』（東京大学出版会 2012 年）

山極寿一『「サル化」する人間社会』（集英社インターナショナル 2014 年）
レヴィ＝ストロース，C., 馬淵東一・田島節夫監訳『親族の基本構造（上・下）』（番町書房 1978 年）

もっと学びたい人のために

伊谷純一郎・田中二郎編著『自然社会の人類学—アフリカに生きる』（アカデミア出版会 1986 年）
トッド，E., 石崎晴己監訳『家族システムの起源　上・下』（藤原書店 2016 年）

1. ヒト科の動物の繁殖戦略と社会についてまとめてみよう。
2. ヒトの核家族は重要な社会単位だが，どうして核家族のうえに別の社会集団があるのだろうか。

8 | ヒトの繋がりと社会集団

深山　直子

《目標＆ポイント》　ヒトの繋がりの特徴について，普遍的側面と時代的変化に留意しながら考える。まず，親子と婚姻という二つの関係に基づいた親族という繋がりを解きほぐす。その過程では，出自を原理とする集団形成についても触れる。次に近代以降に重要性を増してきた繋がりとして，地縁，社縁，情報縁について，それらの差異に留意しながら見ていく。
《キーワード》　繋がり，親族，出自，地縁，社縁，情報縁

1. 社会的動物としてのヒト

　ニュージーランドに居住するポリネシア系の先住民マオリ（Māori）は，マオリとしてマオリ語で挨拶ミヒミヒ（mihimihi）をする際には，おおよそ決まった型の自己紹介で始める。それは，次のように訳すことができる。

　　山は……である。
　　川／湖／海は……である。
　　船は……である。
　　私の祖先は……である。
　　私の部族は……である。
　　私の準部族は……である。
　　私の儀礼・集会場は……である。
　　私は……出身である。

私の両親は……と……である。
私の名前は……である。

　マオリはここで，故郷で慣れ親しむ山や水辺を挙げる。また，彼らの祖先が 700 〜 800 年前にニュージーランドに辿り着いた際に乗ってきたと伝えられる船の名を挙げた上で，祖先を明らかにする。さらに，自分が成員として帰属する部族集団—部族とその下位集団である準部族に分けられる—，そしてやはり帰属する儀礼・集会所の名を挙げる。その後，出身地と両親を明らかにし，最後にようやく自らを名乗るのである。このような自己紹介からは，マオリが自分そして他者を自然環境や社会環境の中に位置付けて認識し，いろいろな人との関係性や集団の成員権を通じて理解することが明らかであろう。よく考えてみれば，そのような多様な繋がりの存在は，なにもマオリ社会に限ったことではない。現代日本に生きる私たちもまた，家族や親戚，学校あるいは会社やバイト先，居住している場所，趣味のサークル，はたまたインターネット空間などにおいて，他者と繋がっていると同時に，時と場合に応じてそれらの集団の成員として振る舞っている。そのことが自分を自分足らしめ，他者を他者足らしめているとさえいえよう。
　さて，ヒトはこのような繋がりに生きる動物であるということから，しばしば社会的動物といわれる。とはいえ気を付けねばならないことは，社会性は人間だけに認められるとは言い難いことだ。たとえば私たちにとって最も身近な動物であるイヌは，群れて集団を成し，優れた個体がボスとして集団を束ねるという。このようなイヌの習性は人間のペットになっても変わらず，だからこそ自らと飼い主の家族を一つの集団とみなし，その中で自らを位置付けてそれに応じた振る舞いをする。あるいは一部のハチやアリといった昆虫もまた，家族のような集団を形成する。

たとえばハチの場合には女王バチや働きバチといった呼び名に明らかなように，個体はそれぞれ特定の役割を担って，集団の存続を支えている。このように，ヒト以外にもある種の社会性が認められる生物は存在する。とはいえ，他者との繋がりの複雑さや形成する集団の多様さといった点，さらにはそのような他者や集団にはこの世にはいない死者や会ったことがない人々までも含み得る点で，ヒトとその他の生物は一線を画すといえよう。

2. 親族という繋がり

2-1 親子関係と婚姻関係

　ヒトの繋がりの中でも，時代や地域，文化を超えて普遍的に指摘できるのが，世代をまたぐという意味で「タテ」の繋がりである親子関係と，同世代間の「ヨコ」の繋がりである婚姻関係である。

　親子関係，なかでも母子関係は最も基本的なヒトの繋がりといえる。ところで一般的に，複雑な構造をもつ生物になればなるほど，誕生の時点で感覚器と運動器がともに成熟している度合いが高いことが知られている。実際に，高度な知能をもつチンパンジーなどといった類人猿は，生まれた直後から成体とさほど変わらない動きをする。ところがヒトの場合，胎児の大脳が大きく発達している上に，直立二足歩行の代償として母体の産道が狭いために，生理的に未熟な状態で誕生せざるを得ないという。そのために，母は子が生まれた直後から，長期間にわたり授乳しながらつきっきりで育て，様々なリスクから守らなくてはならない（ポルトマン 1961）。こうしてヒトの母と子は特別に強い繋がりを必然的にもつようになるわけである。

　それに比べると，父と子の繋がりには曖昧な部分がある。なぜなら男

性は，出産はもとより育児においても，少なくとも子が幼く授乳が必要な段階では，母である女性に比べると担える役割が極めて少ないからである。このことは男性が女性とは異なり，自然に父にはなれないことを意味している。この点について霊長類学・人類学者の山極寿一は，一部の類人猿の間に社会学的父親の萌芽が捉えられると論じる中で，「男が父親になるためにはまず女から持続的な配偶関係を結ぶ相手として選ばれ，次にその母親を通じて子どもたちから選ばれるという，二重の選択を経なければならない」と指摘する（山極 2015：22）。父としての地位を安定させるためには，配偶者や子と常に同居し，子を保護・養育し続けねばならない。ところが人類の男性は，行動範囲が広がる中でそのような継続的な同居が不可能になった。だからこそ，父に大きな権威が付与されて，対面的な状況になくても影響を及ぼすことができるようになったのではないか，というのである。換言すれば人類社会の父はきわめて文化的な存在であるといえ，このことが父と子の繋がり，ひいては家族を含む親族集団の多様性を生み出したと考えられる（山極 2015）。

　対して，同世代の男女の間において結ばれる持続的なある種の契約的関係を婚姻関係という。「血は水よりも濃い」ということわざにあるように，親子関係に見られる血縁は婚姻関係を含めたいかなる縁よりも強いと考えられがちだ。しかしながら，親子ひいては家族・親族は，血縁を前提としない男女によってしか創り出せない。この意味で婚姻関係は親子関係にとって優るとも劣らない重要性があるといえる。

　ところでヒトは多くの動物と異なり，繁殖期をもたず年間を通じて生殖活動が可能である。これは次世代の再生産において有利である反面，競争や混乱を引き起こしやすいという問題がある。それを避けるべく，性や生殖を統制する必要が生じ，婚姻関係に関する規則やタブーができたと考えられる。婚姻の組み合わせや，婚姻関係にある者たちの性的行

為に関して，まったく何も制限がないという社会はないのだ。

さて，これまで見てきた「タテ」の親子関係と「ヨコ」の婚姻関係，あるいはその組み合わせによって繋がる人々を親族とよぶ。親族においては，親子関係，婚姻関係に加えて，親子と同様に血縁があり，夫婦と同様に同世代である兄弟姉妹の関係が重要な意味をもつことが一般的である。

親族の中でも最小の単位とされるのが，家族である。人類学をはじめ社会科学では，婚姻関係にある2人の男女とその未婚の子を「核家族」と称し，居住を共にし日常生活において助け合う基本的な社会集団として位置付け，いかなる社会の家族もそれを原型とすると考えてきた。しかしながら，男性が母子と共に居住せず父としての役割が希薄な社会や，共に居住する人々が頻繁に入れ替わる社会などの存在が明らかになるにつれ，家族の原型を規定することは困難だと捉えられるようになっている（第7章参照）。

2-2 出自と出自集団

いずれの場合にせよ家族は，より広い親族という関係に埋め込まれている。親族は，理念的には「タテ」方向にも「ヨコ」方向にも無限に広がるカテゴリーである。多くの社会では，これら「タテ」と「ヨコ」の繋がりに基づいて，家族より大きい社会集団を形成してきた。

ただし，現実に認識し付き合う人々の数には限りがある。その範囲を定めるための原理になってきたのが出自である。文化人類学において出自とは，ある個人が祖先との間にもつ繋がりを意味している。祖先は遡るにつれて，親（2人），親の親（4人），親の親の親（8人）・・・というように，枝葉状に増えていく。つまり個人には無数の祖先がいるのだから，出自にも無数の辿り方があることになる。そこで多くの社会では，

特定の出自の辿り方を選び，そのような辿り方で祖先と繋がっているか否かによって，親族集団の成員と非成員の間に境界線を引く。

祖先との繋がりを父子関係の連鎖によって，つまり男性の連なりによって辿るとき，それを父系出自という。そして父系出自を通じて共通の祖先に繋がる人々が成員となっている親族集団を，父系出自集団という（図8 − 1）。同様に，祖先との繋がりを母子関係の連鎖によって，つまり女性の連なりによって辿るとき，それを母系出自という。そして母系出自を通じて共通の祖先に繋がる人々が成員となっている親族集団を，母系出自集団という（図8 − 1）。

このように，父系か母系どちらか一つの出自すなわち単系出自を原理

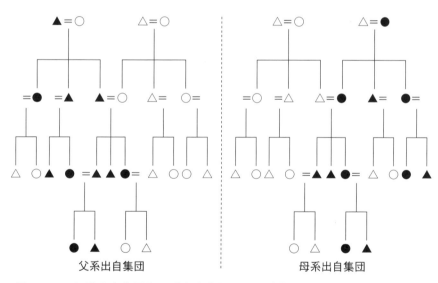

図8 − 1　父系出自集団と母系出自集団を示す系譜図
　黒く塗りつぶされているのが，ある特定の集団の成員である。（人類学の系譜図では，「△」は男性，「○」は女性，「＝」は婚姻関係を表す。親子関係は「＝」の中央から引いた「｜」によって描き，兄弟姉妹がいる場合にはそれを分岐させる。）

とすると，特定の祖先を始点に定めた場合，始祖からその出自をもつ子孫全てが出自集団の成員になる。成員みなが単系出自を通じて始祖を共有するわけで，これは非常にわかりやすい考え方だ。世界各地で単系出自集団が見られるのは，このような理由からだろう。

その一方で，祖先の性別にこだわらない出自の辿り方をしたり，状況に応じて父系と母系どちらか一方を選択したりする社会もある。そのような場合，親族が生活のあらゆる場面で活動単位となるような安定した社会集団を形成することが困難だ。成員権の基準が曖昧だからである。よって社会集団が形成されている場合には出自に加えて，たとえば後に見ていく地縁などといった別の原理が加わっていることが多い。

2-3 父系社会と母系社会

ここで，父系出自集団は男性成員だけ，母系出自集団は女性成員だけによって構成されているわけではないことに注意が必要だ。基本的に前者では，集団形成の軸となっているのは男性の連なりであるが，それらの男性たちの姉妹たちもまたこの集団の成員として位置付けられる。視点を換えるならば，女性たちは父との繋がりを通じて兄弟たちと同様に，父系出自を辿れるというわけである。母系出自社会においても同様で，男性たちは母との繋がりを通じて姉妹たちと同様に，母系出自を辿れるのである。

とはいえ父系出自集団の女性と，母系出自集団の男性は，各集団内で曖昧な地位にあることもまた事実だ。たとえば，彼らが別の出自集団の成員と婚姻関係を結んだ場合，子は彼らの集団の成員にはならずに，夫／妻の集団の成員になってしまう。このような意味でも生まれ育った集団と夫／妻の集団の間でどっちつかずの地位を占めているともいえる。しかしながらそのことはすなわち，自らの出自集団と他の出自集団を繋

ぐという重要な働きを持っていることと表裏一体なのだ。

　さて，出自集団においては，始祖から自らに至るまでの系譜が具体的に記憶されている，あるいは記録されている場合がある。その一方で，集団が多くの世代をまたいで長く存続していると，始祖をはじめとする祖先たちはもはや観念的な存在となり，系譜が明瞭ではないような場合もある。この際には成員たちは，みな祖先たちに繋がっているという信念のもとに，まとまっているといえるだろう。いずれの場合にせよ，既にこの世にはいない死者が集団をまとめる要になっている点は，現前のものごと以外を思考対象にできるヒトならではの特徴といえる。

　父系出自の原理が発達している父系社会の事例としては，中国の漢族社会が挙げられる。子が誕生すると父の姓を名乗り，父系出自集団の成員になるわけだが，この社会では女性もまた一生涯姓を変えることなく，基本的には生まれ育った父系出自集団の成員として位置付けられる。また，同じ姓をもつ出自集団はみな，共通の祖先から派生したと考えられており，「宗族」と呼ばれる大規模な集団を組織している。「宗族」はしばしば集住して祖先伝来の墓や位牌を祀り，財産や系譜の管理を行う。さらに「宗族」には，婚姻の相手は他の「宗族」の成員でなくてはいけないという規則が見られる（瀬川 2004）。

　他方，世界的に母系社会は父系社会に比べて少ないことがわかっているが，オセアニアのミクロネシアに所在する島々の多くでは，母系出自の原理が発達していることで知られる。母系出自集団は多くの場合，固有名と位階を表す称号をもち，土地や財産を所有している。ここでも，婚姻の相手は他の母系出自集団の成員でなくてはいけないという規則が見られる。結婚後は，夫が妻の生まれ育った集団に「婿入り」する妻方居住が見られる地域が多い。この集団内で夫たちの地位は低く，妻に頭が上がらない。その一方で妻は自分の兄弟に頭が上がらない。つまり，

母系出自集団で権威をもっているのは，この集団で生まれ育ち，母との繋がりを通じて成員となっている男性である。この社会の男性の地位は，夫としては低いが兄弟としては高く，その意味でねじれているといえよう（須藤 1989）。

このように父系社会と母系社会は対称的とはいえず，父系社会では大抵男性が女性に比べて優位に立つが，母系社会は必ずしも女性が優位に立たないことに留意する必要がある。

現代日本を考えてみると，一般的に子が生まれると父の姓を名乗ったり，あるいは両親の遺骨が納められた墓は長男が継承したりすることが多いことなどから，漢族社会と同様に父系社会として捉えがちだ。しかしながらよく考えてみると，父系出自集団がなんらかの活動の単位となることは，沖縄の「門中（ムンチュウ）」のような例外を除けば，ほとんどないといっていいだろう。実際私たちはしばしば親戚や親類という言葉を使用するが，その際にはあくまでも自分自身を中心に，父方も母方も区別なく繋がっている親族を広く指している。だからこそ冠婚葬祭のような場面で集まる親族の顔ぶれは毎回異なる。だれが中心かによって，親戚あるいは親類は重なりつつもずれるわけで，一貫した社会集団とは言えないのである。

3. いろいろな繋がり

3-1　地縁

これまで親族という繋がりは，社会集団を形成する原理として重要であり続けてきた。人類史を振り返ると，ほとんどの時間は狩猟採集が唯一の生業形態であったわけだが（第 2 章，第 4 章参照），そのような常に移動をともなう生活の中では，血縁の連鎖に基づいた親族集団が最も

重要な社会集団であったと考えられる。ところが約1万年前に農耕という生業形態が発明されると、狩猟採集、あるいは農耕とおおよそ同じ頃発明された牧畜とは異なり、特定の場所に定住化する人々が登場した。これ以降、親族という繋がりに加えて、同じ場所に居住しているという繋がり、すなわち地縁が意味をもつようになったと考えられる。

その後、多くの地域で親族であると同時に地縁でも繋がっているという人々が社会集団を形成していったと考えられる。ところが、社会集団が大きくなって親族の繋がりがわかりにくくなったり、ある領域に根差した政治的結合や経済活動が強まったりすると、血縁よりむしろ地縁が重要視される場合がある。さらに地縁が血縁と分離するといったことも起きる。こうして、都市に典型的に見られるような地縁に基づいた地域共同体が形成されたと考えられる。ちなみに近代国民国家は、このような流れの延長線上において、ある領域を共有するという「想像」の下で形成された一種の地域共同体だと位置付けられよう（第13章参照）。

現代日本の自治会や町内会といわれる集団は、地域共同体の事例である。住民への情報伝達や、清掃や防犯の取り組み、伝統行事など年間を通して多様な活動を行っている。「遠くの親戚よりも近くの他人」ということわざにあるように、このような地域共同体が親族集団に増して意味をもつところも多い。

ここで、冒頭にも挙げたニュージーランドのマオリの事例を見てみよう。マオリ社会は出自集団である多数の部族集団から構成されている。各部族集団は各地で一定の領域を占有し、基本的にはそこを拠点に生活を送ってきた。部族集団にとって最も重要な場所の一つは、領域の中心に立つ儀礼・集会場マラエである。マオリは自分が帰属するマラエで、人生儀礼を執り行ったり、議論を交わし意思決定を行ったりすることを通じて、そして時には他の部族集団のマラエを訪れることで、部族集団

の成員であるというアイデンティティ,ひいてはマオリ・アイデンティティを強化してきたといえる。イギリスの植民地化とその後の近代化により,社会構造や文化は多大なる変容を余儀なくされたが,マラエは「マオリ文化の生命線」(Mead 2003:96)であり,マオリ文化が卓越する場所として堅持されてきた(深山 2012)。

　ところが20世紀半ば以降,都市化にともない,賃金労働を求めて故郷を離れて都市に流入するマオリが急増した。当然のことながら都市に居住することによって,彼らは自らが帰属する部族集団とその領域,さらにはマラエから物理的に遠ざかってしまった。最大都市オークランドの南部郊外の町パパクラは,出身地を異にするそのような都市マオリが集住している地域である。1960年代後半になると,都市マオリの間で地域共同体の意識が高まり,儀礼・集会,とりわけ葬式を実施する場所として,マラエをこの地に建てようとする声が高まった。そのために委員会が組織され,その先導の下で具体的な計画の立案がなされた。資金集めや土地の入手など問題は山積していたが,地域のリーダーたちの強い熱意の下,ゆっくりと計画は実現していき,ようやく1990年になってパパクラ・マラエは完成するに至った。伝統的なマラエが,親族という繋がりを基盤にした部族集団による,部族集団のための空間であるのに対して,パパクラ・マラエは地縁を基盤としたゆるやかにまとまる地域共同体による,地域共同体のための空間である。都市において新たなマオリ文化が創造されたとも評価できよう(深山 2012)。

3-2　社縁

　現代社会では,親族集団や地域共同体以外にも実に多様な集団が存在する。宗教団体,政治団体,ボランティア団体,趣味のサークル,同窓生の会,同郷者の会などはそのごく一部である。このように特定の目的

を達成したり関心を満たしたりするために結成された集団のことを結社（アソシエーション）という。文化人類学者の米山俊直は,「結社の縁」を社縁と呼び,工業化と都市化にともなって血縁および地縁に拮抗するようになり,現代ではより一層重要性が増している縁として位置付けた（米山 1981）。

　血縁や地縁は個人の意思では決められない側面が強く,いかなる親族集団や地域共同体に帰属するのかということは,生まれや住まうところによって決まってしまう部分が大きい。それに対して社縁は,私たちが自発的につくったり断ったりすることができる繋がりである。すなわちどのような結社にいつ参加し,いつ脱退するのかということは,結社の条件さえ満たしていれば基本的には個人の意思に任されている。

　ここで留意したいのは,親族集団や地域共同体を単位とした活動は幅広いから,そこでの個人は多様な側面から成る包括的な存在であるのに対して,結社の活動はきわめて限定的だから,そこでの個人は断片的な存在であると考えられる点だ。具体的にいうならば,親族集団において個人は学歴,職業,経済力,家族関係,性格,食べ物の好き嫌いなど,その人に関するあらゆる事柄が意味をもつのに対して,趣味のサークルにおいては,個人のその趣味に関する事柄―たとえばヨガの習熟度やヨガ・マットの購入先など―だけが問題であり,それ以外のほとんどの事柄は共有されていない―「素性」が知られていない―ということがざらにある。つまり社縁は血縁,地縁に比べて,広くも浅い繋がりを可能にすると言えそうだ。

3-3　情報縁

　近年のヒトの繋がりを考える際に,コンピューター・ネットワークとりわけインターネットを介した繋がりを無視することはできない。1990

年代以降，インターネット利用者数は爆発的に増加し，現在ではパソコンはもとより携帯電話やタブレット型端末からインターネットにアクセスし，情報を受信・発信，交換することは，世界各地において日常の光景となった。このようにして形成される人々の繋がりを，情報空間における縁として情報縁とよぶことがある（池田・柴内 1997：8）。

　インターネット空間は現実社会からある程度独立しているから，個人は現実社会での社会的属性に捉われずに比較的自由に振る舞える。なかでも特筆するべきは，個人の地理的場所，並びに人々の間の地理的距離がさほど意味を成さない点であろう。そのために，カンボジアにいる人がアルゼンチンにいる人と一瞬にして繋がり，言葉を交わすなどということはごく当たり前だ。個人間の繋がりの促進を支援するSNS（ソーシャル・ネットワーキング・サービス）の発達もあって，現実社会では繋がらないような多様な人々が，特定の目的や関心だけを共通点に情報縁をつくっているのである。また彼らが特定の掲示板サイトやメーリング・リスト，グループ・チャットなどに集い交流している場合には，結社に似たインターネット・コミュニティが出現する。このコミュニティがいわゆる「オフ会」のように現実世界に移行し対面的関係を結んだ場合には，結社が形成されるとも捉えられよう。

　インターネット空間ではさらに，匿名性を維持したままで現実社会とは異なる自己をいくつも表現することができる。その意味で個人は分裂的な存在に成り得る。若者を中心に，SNSにおいて複数のアカウントをもち「キャラ」を使い分けている実態は，その証左と捉えられるだろう。個人は様々な「私」として，社縁以上に簡単に，無数の情報縁をつくることができる。この結果，他者と繋がってどうするかではなく，繋がること自体が目的化している側面もあろう。

　他方で，情報縁が従来の現実社会の繋がりを強化している事例も多い。

ニュージーランド・マオリ社会では，各部族集団において数多くの成員が部族集団の領域から離れて，都市に居住していることは既に指摘した通りである。国内ひいては海外で散在している彼らはしばしば，帰属する部族集団が作成・運営するウェブサイトにアクセスし，SNSのアカウントをフォローする。それによって，どこにいても部族集団に関する最新情報を入手し，部族集団の成員としてのアイデンティティを維持することができると考えられる。このように，情報縁はしばしば血縁，地縁，並びに社縁と補強関係にあるのだ。

　以上，本章ではヒトの繋がりについて見てきた。ヒトは他者との繋がりに生きる社会的動物であることは普遍的な事実である。その一方で，繋がる方法や意味には多様性がある。どれに強調点を置くかということは，社会によって異なるし，またその社会においても時代によって変化すると言えよう。

引用文献

池田謙一・柴内康文「電子ネットワーキングと集団形成の論理」池田謙一編『ネットワーキング・コミュニティ』（東京大学出版会 1997 年）
須藤健一『母系社会の構造―サンゴ礁の島々の民族誌』（紀伊国屋書店 1989 年）
瀬川昌久『中国社会の人類学―親族・家族からの展望』（世界思想社 2004 年）
深山直子『現代マオリと「先住民の運動」―土地・海・都市そして環境』（風響社 2012 年）
ポルトマン, A., 高木正孝訳『人間はどこまで動物か―新しい人間像のために』（岩波書店 1961 年）
山極寿一『父という余分なもの―サルに探る文明の起源』（新潮社 2015 年）
米山俊直『同時代の人類学―群れ社会からひとりもの社会へ』（日本放送出版協会 1981 年）
Mead, H. M. 2003 Tikanga Māori: Living by Māori Values (Athlone Press 2003)

もっと学びたい人のために

河合香吏編『集団―人類社会の進化』（京都大学学術出版会 2009 年）
清水昭俊『家・身体・社会―家族の社会人類学』（弘文堂 1987 年）
村武精一編『家族と親族』（未来社 1981 年）

1. 父子関係は母子関係に比べて不安定である，という主張に対して，どのような反論が可能だろうか。考えてみよう。
2. 仮に地震災害に見舞われた場合，血縁，地縁，社縁，情報縁はどのように機能するだろうか。考えてみよう。

9 | 時間と空間を区切る

赤堀　雅幸

《目標＆ポイント》 言語というヒトに特異な能力を使って，私たちは時間と空間を区切り，切り離してから組み立て直し，ついには世界を分解し，再構成する。だが同時に，言葉にならないものの存在も，区切られた時間や空間の不自由さも私たちは知っている。言葉を使うというヒトの特性を踏まえた上で，言葉がヒトにもたらしてくれたものと，言葉が課した制約とを明らかにし，言葉の限界を乗り越えようとする試みを，ヒトがなぜ儀礼を行い，信仰を抱くかといった論点を交えて見ていく。
《キーワード》 言語，境界，儀礼，非日常，世界観，宗教

1. 鳴くこととしゃべること

　陸上で暮らす哺乳動物のほとんどは声帯を使って音を発することができる。両生類や爬虫類の一部（カエルやヤモリの仲間）も声帯をもち，鳥類は声帯の替わりに鳴管とよばれる器官を使う。それらの動物はどれも，仲間が出した音に規則性のある反応を示し，人間がしゃべることができるのは，鳴くことができるという，この能力の延長上にある。

　いつからヒトが鳴くだけでなく，しゃべるようになったのかははっきりしない。チンパンジーは訓練され，記号を書いたカードなど音声以外の方法を使えば，少数の語彙を使った会話ができることがわかっている。その一方，前頭葉にあって，発話を司るブローカ野は猿人には見られず，それが顕著に発達するのは，現生人類が登場してからかなりの時間を経た後のことである。なお，言語が機能するには，聞いた言葉を理解する

ことも必要であり，脳では聴覚野のそばにあるウェルニッケ野が主にこの役割を果たしているが，現在では言語処理にはこれら両野を含む脳の広範囲が関わることが知られており，言葉を使うことがヒトの脳の働きの中でもかなり高度なものであることがわかる。

　哺乳類は元来，聴覚が発達した夜行性の動物であるが，ヒトとサルの祖先は樹上生活を行って昼行性に移行し，視覚を発達させてきた。第3章第2節で述べたように，600から700万年前に常時直立二足歩行をするようになってヒトはヒトになり，脳と発声に関わる諸器官の位置の変化は（気の遠くなるような時間をかけてではあるが）より複雑な発声ができる器官を発達させ，その器官を存分に利用することができる脳の構造をつくりだし，ついにヒトは言語を手に入れた。言語を手に入れたおかげで，互いに協力したり知識を受け継いだりすることが効率よくできるようになり，それはやがて農耕牧畜の開始を導き，さらには現代の複雑な社会の形成にまで繋がっていった。

　言語が複雑な論理を操れるのは，どんな言語でも，文が単語（形態素）に分解でき，それぞれの単語は音（音素）の組み合わせからできているという，動物の鳴き声にはない特徴のおかげである。たとえば，「犬が鳴く」は「犬／が／鳴く」という三つの形態素に分解され，「犬／が／鳴か／ない」「猫／が／鳴く」「犬／も／鳴く」「犬／が／走る」などとの対比で意味をなす。そして，「いぬ（犬）」という単語は「い／ぬ」という二つの音素に分解され，「い／ね（稲）」や「き／ぬ（絹）」と区別される。「言語の二重分節性」とよばれるこの特徴のおかげで，限られた数の音から無数の単語を，さらに無限に多様な文をつくりだすことができる。

　言語だけを意思疎通の手段と考えるのは早計である。しかし，ヒトが今日あるのに言語が果たした役割はきわめて大きい。ヒトの特徴を表す

のに,「ホモ・ローケンス（話すヒト）」という言い方がされるのも，しごく当然のことといえる。

　話し聞くこととは別に，読み書きもヒトの歴史に重要な役割を果たしてきた。文字は，語り手から言葉を切り離して保存し，遠く離れた人や後の時代の人に伝えてくれる。洞窟に描かれた岩絵のようなものから出発した文字は，絵文字（非常口の印や衣服の洗濯表示のようなもの）を経て，形態素とある程度対応する表語文字（漢字など），そして音素とある程度対応する表音文字（仮名など）が生まれてきた。

　文字の歴史は現在のところ1万年以上は遡ることはできない。英語などでおなじみのラテン文字の場合，エジプトで5000年ほど前に成立した表語文字ヒエログリフが，約2000年後に表音文字であるフェニキア文字を生み，ほどなくギリシア文字が成立し，数世紀を経てこれを元にラテン文字ができるという歴史を歩んだ。

　近代になるまで文字をもたない言語はいくつも存在していたし，文字があったとしても大半の人々は読み書きができなかった。前近代には文字を操ることはしばしば，支配階級や知識人層など，一部の人々の特権だったのであり，逆にいえば，識字が前提となっている近現代という時代は，ヒトの歴史の中でとても特殊な時代といえる（第13章第1節参照）。

2. 世界の切り分けと再統合

　言葉を使うことで効率よく情報を伝えることができるようになっただけではない。自分一人で考え事をするときにも私たちは言語を使用し，言語は自分自身やまわりの物事を把握するための，唯一ではないが強力な道具になっている。

　同時に，私たちのものの見方は言語の二重分節性にしばられる。言葉

は単語に，単語は音素に分解されるため，言葉で何かを表現すれば，物事を一度区分した上で再び結びつけるという手順を踏まなくてはならない。まわりにいる人たちを「私たち」と「彼ら」に分け，「私たちと彼らは友達だ」と言ったり，目の前にした風景を「山」と「谷」に分け，「山越え谷越えやってきた」と述べたりするのがそれである。

　もちろん，言語とは関係なく自然界には様々な区分が存在しており，たいていの言語に共通して見られる語彙はそうした区分を反映している。「男」と「女」や「生」と「死」に相当する単語がない言語はほとんどない。

　だが，牛一つに cattle（総称としての牛），cow（雌牛），bull（雄牛），bullock（去勢牛），ox（労役用去勢牛），calf（仔牛）の区別があるなどというのは，日本語では思いもよらない。逆に「雪」と「氷」の区別はアラビア語にはない。生活に密着したことがらほど，細かい語彙の区別がなされる傾向があり，それは，言葉が自然界にある区別を忠実に反映するのではなく，必要に応じて取捨選択していることを意味する。

　自然界にない区別を言葉がつくりだすことも珍しくない。色の違いは本来連続的で，どこかに境目があるわけではない。このため，「赤」といっても様々な赤があり，「赤」がどこから「橙」に変わるのかははっきりしない。青と緑（ときとして黒）を区別してこなかった言語は，古代日本語を含めていくつもあり，「青信号」や「緑の黒髪」といった言い方に名残が見られる。つまり，色彩には自然の区切りはないにもかかわらず，日常的に使われる色の名前は限られた数で，どこかに区切りがあるものとして扱われる。しかも言語によってその区切り方は異なる。

　時間の区切りについても似たようなことがいえる。自然界にある区切り，たとえば「昼」と「夜」はたいていの言語で単語となるが，「真昼」や「夜中」，さらには「有明方」(ありあけがた)（月がまだ見えるが夜が明けようとして

いる時間帯）や「夕間暮れ」（人の顔の区別がつきにくくなる日没近くの時間帯）など，区分の設定は様々にできる。しかも，等分に時間を区切るという発想から，時計を発明し使うようになって，今日の私たちは，自然現象から切り離して時間を測定することをごく当たり前と思っている。

　どのような言語であれ，物事を区分し，それらを再結合することで意味をつくりだすが，具体的にどのようにするかは様々である。そうした多様性は，普遍的な性質である二重分節性を個々の言語がどう具体化するかがきわめて自由であることによっている。

　たとえば，それぞれの言語は限られた数の音素を選び出して使うが，音素の選択はかなり自由である。英語ではrとlは異なる音素であるのに，日本語では一つの音素として扱われるため，英語を学ぶときに聞き分けに苦労した体験をもつ人は多いだろう。また，同じ意味の単語を構成する音素の組み合わせも自由である。犬を意味する単語は「いぬ」であってもdogであってもmbwa（スワヒリ語）であっても，それぞれの言語で決まっていれば何の問題もない。さらに，ある単語が文の中で用いられたときの意味は，文の中でどの位置に置かれるか（連辞関係）と，同じ位置に入りうる他の語は何か（連合関係）によって決まる。「××が鳴く」という文で，「××」は「鳴く」主体であることがわかり（連辞関係），「犬」がそこに入るときには，「猫」や「鳥」ではなく「犬」だという選択（連合関係）があって「犬が鳴く」という文ができあがる。連辞関係も連合関係も言語によって様々な設定が可能である。

　世界中に非常にたくさんの言語があることは，構造主義言語学によれば，ランガージュ，ラング，パロール（英語にはランガージュとラングの区別がないため，フランス語で表現されることが多い）の関係として説明される。ランガージュ（言語能力）とはヒトに共通に備わった言語

を操る能力を指し，これに対してラング（言語）とは，ランガージュの具体的な表れである個別の言語（日本語，英語など）である。さらに，ラングの枠の中で実際に発される具体的な発言がパロール（発話）である。共通のランガージュを用いて多様なラングが歴史の中に形成され，そのラングを参照しながら人々はそれぞれが生きている状況でパロールを発し，パロールの積み重ねは，流行り言葉が定着するように，ときとしてラングに変更を迫る。つまり，ヒトが言語を使うこと自体は普遍で不変だが，実際に使われる言語は個別に特殊であって，使われることで常に変化し続けるのである。

　こうした言語のあり方は，文化全体のあり方にも重なる。ヒトは等しく文化を生み出す能力をもち，しかし，そこから歴史を経て生み出される文化は実に多様である。そして，文化は人々の生きている場の中で初めて目に見える形になり，そうした実践を通して文化は変化していく。これは，「異文化」が異質で了解不能のものではなく，自分たちの文化を含めて一つの能力から生み出された多彩な変種であり，外国語を学べるのと同じように，異文化を理解できることを意味している。

3. 二項対立と料理の三角形

　ヒトは「男」と「女」，「大人」と「子ども」，「生」と「死」，「昼」と「夜」といった一対の対立項を立てて考えることを好む。単語が別の単語との対比で意味をなすとき，二項対立は最も単純で使いやすい対比だからである。

　二項対立はそれだけにおわらず，多数の二項対立が互いに結びつくことも頻繁に起こる。英国の人類学者ニーダム（1993）は，ウガンダなどに居住するニョロの人々が，右／左，男／女，天／地，善／悪，白／黒

といった二項対立について，右と男と天と善と白が結びつき，左と女と地と悪と黒が結びつくと考えることを明らかにした。結果として世界は大きく二つのものの対抗関係として理解され，これを「象徴的二元論」，「象徴的二分法」などとよぶ。

　しかも，この二分法ではたいていの場合に二つの項は対等ではなく，どちらかが優越する。ニョロの場合には右が左に，男が女に，つまり前者の系列が後者の系列に優越する。単語そのものがそうした優劣関係を含んでいることもある。英語の man と woman の対比を見てみれば，man の側に「男」だけでなく，「人」という意味があり，また woman が man に wo- を付けることで成立していることから，単語としての man の優越は明らかである。

　私たちもこの種の発想から自由ではない。思考の対象を二つに分け，両者の優劣を比較するというのは，強力で効率のよい思考方法だが，それはともすると，思い込みを含んだ行きすぎた単純化に走ることになる。「男は度胸，女は愛敬」，「男は理性的，女は感情的」というような言い方がまさにそれである。

　構造主義人類学の生みの親であるレヴィ＝ストロース（1968 他）は，二項対立とは別に，広く見られる思考の様式として，三項が互いに対立するというあり方を「三角形」として論じた。

　レヴィ＝ストロースが特に論じたのは，「料理の三角形」である。その基本の部分を説明すれば，「料理の三角形」では「生のもの」が頂部に置かれ，底辺の左右には「火にかけたもの」と「腐ったもの」が置かれる。それらは，そのままのもの（「生のもの」）と変化したもの（「火にかけたもの」と「腐ったもの」）という第一の二項対立に，文化（人が変化させたものとしての「火にかけたもの」）と自然（自然が変化させたものとしての「腐ったもの」）という第二の二項対立が掛け合わさ

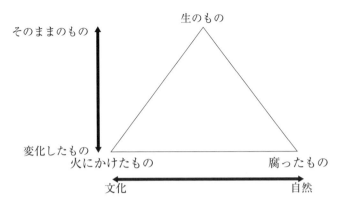

図9-1 料理の三角形
　出典：(レヴィ=ストロース 1968：61)。原図を大幅に簡略化してある。

れて成立する。

　英国の人類学者リーチ (1991) はこれをより一般化して,「プラス」「マイナス」「ゼロ」の関係と説明する。「プラス」と「マイナス」は明確な二項対立だが,「ゼロ」はそのどちらでもないという点で,「プラス」と「マイナス」の両者に対して対立している。この三項の関係は, リーチによれば「あらゆる種類の人間が, あらゆる種類の社会的状況において, 絶えずこの問題に対処しなければならない」ものだという。

　この三項の対立が重要な意味をもつことをわかりやすく示すために, 宗教を例に取り上げてみよう。

　神と人, 寺社の境内と境外, ハレの日とケの日のように, 宗教には聖と俗の対比がつきものである。だが, 聖なるものにはもう一つ邪なるものとの対比がある。神と悪魔, 天国と地獄, 大安と仏滅などを思い浮かべて欲しい。聖／俗と聖／邪の対比は, したがって全体としては「俗」をゼロとして,「聖」がプラス,「邪」がマイナスとなる三角形をなしている。悪魔は神に敵対してはいるが, 人ならざるものであるという意味

では，神と同類といえる。

　この図式はさらに，日常と非日常と言い換えることができる。日常はよく見知っていて安心ではあるが，驚きのない，ともすると飽き飽きとするような世界であるのに対して，非日常は何が起こるかわからない，変化と驚きに満ちてはいるが，それがもたらすのは恵みであるか，災いであるかがしれないという両義性を帯びる。そこには，日常と恵みの非日常と災いの非日常という三角形が形成される。

　一義的な日常と両義的な非日常の対比が，なぜ絶えず対処しなければならない問題であるのかを，次節ではさらに考えてみよう。

4. 境界と通過儀礼

　数学の授業で線には幅はないと教わって不思議に思わなかっただろうか。教科書に引かれた線には確かに幅があるのに，それには目をつぶれといわれる。言語が作り出す境界線はそれ以上に不思議で，「赤」と「橙」の境目がどこにあるかさえはっきりしないのに，私たちは平気で「赤」と「橙」を別の色として扱う。「山頂」と「山腹」と「山麓」の境目がどこかと訊かれても困るだろうが，日常の言葉では「それは言わない約束」なのである。

　だが，境界の問題から目を背けられないこともある。典型といえるのが「大人」と「子ども」の区別である。子どもはいつか大人にならなくてはならず，どこかに境目がなくてはならない。

　一定の年齢で成人とみなすというやり方が今日では一般的だが，一人でライオンを倒したり，足首に蔓草を巻き付けて高いところから飛び降りたりと，大人になるのに何かの試練を課すというやり方も古くから採られてきた。しかし，それよりも広範に行われてきたのは，「成人式」

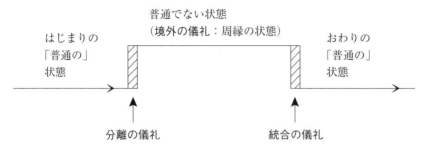

図 9-2　通過儀礼の構造
出典：(Leach 1976：78)。ファン・ヘネップの記述をリーチが図解したものを簡略化してある。

という儀礼を経て子どもを大人にする方法である。

　20世紀前半に活躍したフランスの人類学者ファン・ヘネップ（2012）は，ヒトが人生の途上で行う様々な儀礼（人生儀礼）や，何らかの集団に加わる際に行う儀礼（加入儀礼）を一括して，「通過儀礼」とよんだ。日本であれば，七五三や成人式，結婚式，還暦などの祝いや，入学式，入社式が通過儀礼にあたる。

　ファン・ヘネップによれば，通過儀礼はたいてい分離，移行，統合の三つの段階を踏んで行われる。成人式であれば，参加者は子どもという古い日常から引き離され，子どもでも大人でもない非日常の移行のときを過ごし，大人という新しい日常に帰還するという手順を踏む。非日常の世界へと行き来したことは日常の時の流れとしては無視されるので，日常世界では子どものときと大人のときという異なる種類の日常が，幅のない境界で区切られて空白なく続いていく。

　今日では通過儀礼に限らず，毎年同じ時期に行われる年中儀礼などについても，季節の移り変わりに切れ目をつけるものとして，同様の構造があるとみなされている。つまり，儀礼とは，坦々と続いていく日常の中に人為的に境界を作り出してやる仕組みなのである。生物としてのヒ

トは徐々に成長し，やがて老いていくが，私たちは言語を使って人の一生を子どもから大人へ，壮年から老年へと段階的に進むものに加工し，現実の人生が，言語が表すような段階的なものになるために儀礼を積み重ねる。

　この仕掛けによって，ヒトの人生は日常と非日常の間を行き来する往復運動となる。継続と安定をもたらしてくれる日常は，とても大切なものである。だが，もし毎日がまったく同じような日常の繰り返しだったらどうだろうか。他の動物が，それを気にしているとは思えないが，少なくともヒトは，変化のきっかけをはらんだ非日常が日常に差し挟まれることを欲し，また必要としている。

　ここで注意したいのは，儀礼によって導入されるのは，日常と鋭く対立する完全な非日常というわけではないという点である。儀礼における非日常は，日常に戻ってくることを前提としており，ヒトの制御下にある。制御されない非日常とは，干魃，飢饉，疫病，戦乱などの好ましくない事態であり，それらを収めるために行われる儀礼（状況儀礼）は，すでに状況自体が非日常であるために，分離の段階を欠く。雨乞いや病気治しの儀礼は，制御不可能で災いをもたらす非日常を捉えて，人々を日常へと還してやる儀礼といえる。

　儀礼の構造と関連して，「境界的」「周縁的」「媒介的」などの言葉で表される，日常と非日常を橋渡しするものは特別な意味を担わされる。昼が夜へと移りゆく「境界」をなすたそがれ時は，日本では古来「逢魔が時（大禍時）」と呼び習わされてきた。ロマ（ジプシー）の人々は，定住民にとって「周縁」に位置づけられ，蔑まれ恐れられたが，芸能やト占をなりわいとする彼らは折々の祭礼に欠かせなかった。ユダヤ教，キリスト教，イスラームでは，預言者は唯一神と人とを「媒介」し，神の意志を人々に伝える貴重な存在だった。

神話研究などでは「トリックスター」(いたずら者) とよばれる存在が注目されてきた。トリックスターとは，物語の秩序を散々にかき乱しておきながら，最後には大団円に導くという役割を担わされた存在である。シェイクスピアの作品『真夏の夜の夢』に登場する妖精パックが，よく知られた例として挙げられる。トリックスターは，言語が紡ぎ出す秩序だった世界の隙を突き，その安定を揺るがすが，最終的には新しい秩序をもたらすという，まさに儀礼と同等の役割を，神話や物語で果たす人格なのである。

5. 世界観と宗教

　世界のありようとその中での自分の立ち位置を言語や図解によって表したものを世界観とよぶ。素朴なものであれ，緻密なものであれ，世界観は，世界に一定の秩序があるという前提に立ち，たいていの場合は世界と自分を調和的に肯定する。その中でも宗教は，日常を超えるものの領域を想定した世界観を提示する。それは，通常には知覚できないものの存在を前提とし，それらと日常の領域との関係を含む，価値付けられた全体としての世界のあり方を語る。

　宗教といえば，神様を信じることだと思いがちだが，人類学では宗教の定義はそれよりかなり広い。すべてのものに霊が宿るとするアニミズムや，ある種の力が宿るとするマナイズムなどは，神概念が成立する前の古代の宗教として，19世紀の人類学者によって「発見」されたが，今日ではそれらはヒトに普遍的な発想として捉え直され，キリスト教やイスラームといった後発の世界宗教にも部分として含まれているとみなされている。

　宗教は近代化の進行と共に衰えるという考え方がある。19世紀の人

類学でも，ヒトが文明化するにつれ，呪術から宗教が発展したが，宗教もやがては合理的な思考に基づく科学の発達によって取って代わられるという主張があった。その通りだと思う人は今も多いだろう。

だが，これはどうやら誤った予測だったらしい。フランスの政治学者ケペル（1992）は，1970年代から人々が宗教に回帰する大きな流れが起こってきたとして，これを近代への「神の復讐」とよんだ。今日では表現を和らげて「宗教の復権」と称することが多い。米国の保守的福音主義，ムスリム諸国のイスラーム原理主義，インドのヒンドゥー・ナショナリズムなど，政治化した宗教的保守派の台頭は私たちの目を惹きつけたし，穏健派もまた力を得ており，さらには既存の宗教への回帰以外にも，様々な形で宗教の見直しが進みつつある。そうした認識は，現在，多くの宗教研究者に共有されている。

なぜ，そのような見直しがこの時期に始まったのかを問う前に，宗教が科学と相容れないという主張の誤りに目を向けよう。

宗教は目に見えない存在や死後の世界といった，ヒトが確かには知ることのできない領域を扱い，信仰は何らかの合理的根拠なしに成立する。宗教はこの点で，合理的な証明を必要とする科学と相反する。だが，科学自体はそのような領域の存在を否定しているわけではない。むしろ未知の領域が広大であるからこそ，科学は前進することができ，宗教と異なるのはそうした領域に関する理解を，証明を待つ仮説以外の形では扱わないという点である。宗教と相容れないのは科学それ自体ではなく，科学が証明したものだけが実在であるとするような特殊な世界観（科学主義）である。

私たちは生きていく上で，明確には言葉にならないようなものと付き合っていかなくてはならない。自分の気持ちを正確に言葉にして伝えることができず，もどかしい思いをしたというのは，誰にでもある経験だ

ろう．誰かを好きになった理由を言葉にした途端それがどこか違うと感じたり，何かについて言葉で説明はできなくてもなぜか腑に落ちたりというのも，同じような種類の体験である．科学でもまた，問題と結論の発見，仮説の証明の途中過程では，多くの試行錯誤とともに，思いつきや勘，洞察などとよばれるものが大きな役割を果たし，よい科学者は直感に優れていなくてはならない．

　ヒトが世界を了解するやり方は，言語と非言語にまたがり，目に見えるものと目に見えないものを含めて展開する．それが，ヒトにとってごく自然なものであるとみなすならば，米国の人類学者ギアーツが宗教の復権を予告するかのように，1968年の著作（邦訳は1973年）で示した議論が注目に値する．

　ギアーツは，近代化がもたらした大きな社会の変化が，既存の宗教と人々の日々の暮らしとの接点を見失わせ，そこから生じた危機意識が宗教に新しい方向付けを促すという．この議論に従えば，宗教が一度は衰えると見えたのは，宗教が科学に取って代わられたからではなく，宗教と現実との接点が一度は失われたからであり，1970年代に復権してきたのは，接点が回復しつつある過程だったということになる．現代人が模索する宗教（ないし宗教を含むより広い概念としての世界観）の形は，従来の意味では宗教とはよべないものも含めて多様だが，それが何らかの形で世界と自分の関係性を了解させ，人々の判断に力を与えるのであれば，立派に宗教として機能しているといえる．

　言語能力は，世界と自分の関係を表現する強力な道具ではあるが，道具が常にそうであるように万能ではない．失意の友人を前にして万言を費やすよりも，ただ傍らにいることが，何よりも友人を慰めることがあるように，ヒトが他者や世界と関わる方法は，言語だけではなく，もっと豊かで多様である．言語の有効性と限界に関するこれまでの探求の成

果が下地となり，今日の人類学は，共感，洞察，確信といった，ヒトのもつ非言語的な認知の能力に関心を高めつつある。

引用文献

ギーアツ，C., 林武訳『二つのイスラーム社会——モロッコとインドネシア』（岩波書店 1973 年）
ケペル，G., 中島ひかる訳『宗教の復讐』（晶文社 1992 年）
ニーダム，R., 吉田禎吾・白川琢磨訳『象徴的分類』（みすず書房 1993 年）
ファン・ヘネップ，綾部恒雄・綾部裕子訳『通過儀礼』（岩波書店 2012 年）
リーチ，E., 長島信弘訳『社会人類学案内』（岩波書店 1991 年）
レヴィ＝ストロース，C., 西江雅之訳「料理の三角形」伊藤晃他訳『レヴィ＝ストロースの世界』（みすず書房 1968 年）
Leach, E., *Culture & Communication: The Logic by Which Symbols Are Connected* (Cambridge: Cambridge University Press 1976)

もっと学びたい人のために

小田亮『サルのことば——比較行動学からみた言語の進化』（京都大学学術出版会 1999 年）
橋爪大三郎『はじめての構造主義』（講談社 1988 年）
町田健『ソシュール入門——コトバの謎解き』（光文社 2003 年）
山口昌夫『文化と両義性』（岩波書店 2000 年）
吉田禎吾『宗教と世界観——文化人類学的考察』（九州大学出版会 1983 年）

1. 動物の鳴き声と違い，言語だけがもつ特徴である二重分節性とは何なのか，具体的な例を思い浮かべて説明してみよう。
2. ヒトはなぜ日常とは区別される非日常を設定するのだろうか。非日常の時間，空間，人，物について，それぞれ具体的な例を思い浮かべて考えてみよう。

10 | 遊ぶことと祈ること

今村 薫

《目標＆ポイント》 ヒトの特徴は大人になっても遊ぶことであるといわれる。生物学的な生存維持以上の意味をもつ遊戯の意味に触れながら，現実世界を越えた想像力に基づく歌と踊りの体験について考え，さらに信仰や宗教の意義について解説する。
《キーワード》 遊び，模倣，仮の世界，想像力，身体活動

1. 遊びと模倣

　ヒトの特徴は大人になっても遊ぶことであるといわれる。オランダの歴史家ホイジンガ（1973）は人間の本性を遊ぶことにあるとみて，人間を「ホモ・ルーデンス」，つまり「遊ぶヒト」と名づけた。
　遊びと物まねは，まったく同じものではないが，重なる部分が多い。「ままごと」に代表される「ごっこ遊び」は大人の世界を子どもがまねることで成立する遊びである。また，遊びも模倣も，技術の学習と習得といった実用的な面から，想像力の源として純粋な喜びや楽しみへ繋がる側面をもっている。そこでまず，模倣について考えてみよう。

1-1　模倣の進化的背景
　ヒトは自分たちが思っている以上に，「物まね」が得意な動物である。模倣を可能にする生理学的な裏付けとして，ミラーニューロンの存在が指摘されている。ミラーニューロンとは，他の個体の行動を見て，まる

で自分が同じ行動をとっているかのように反応する神経細胞のことであり，霊長類などの高等動物で見られるという。人間社会における新たな技能の獲得や，他個体の行動の理解や共感は，この神経細胞の存在を抜きにしては語れないだろう。

模倣について，認知心理学者のトマセロ（2006）は，「真の模倣」と「エミュレーション」に分けて分析する必要性を主張している。彼によると，まるごと他個体の行動をまねる「真の模倣」は，ヒトは行うがチンパンジーは行わない。チンパンジーが行うのは，行動の目的を理解し，その目的へたどり着くために独自に試行錯誤を重ねる「エミュレーション」であるという。新しい行動を獲得する場合，意味もわからずにただまねる「真の模倣」よりは「エミュレーション」のほうが効率がよいが，ヒトは「ただ忠実に他個体の行動をまねる」ということもあえてするのである。

ヒトの模倣の特徴は，身振りだけからなる行為を模倣できることである。チンパンジーは，他個体が道具を使っている様子を観察するときは道具の動きの方に注目し，個体の動きそのものをまねるのは不得意である。ヒトはこのように他人の動きそのものに注目し，他人の動きをなぞるようにまねることで，「自分の心を他人の心と重ね合わせる」ことができるのである（明和 2009）。

さらに，このような「心を重ね合わせる」能力が，「他者の行動から，その人の心の状態を推測する能力」へと発展すると考えられる。これは，他の個体には自分とは異なる内面があるということを知りつつ，他者の心理を推定する能力で，認知心理学などではこれを「心の理論」とよんでいる。

1-2　模倣の二つの側面

　物まねや模倣は，新しい技術を獲得するときの有益な方法であるだけでなく，人と人を繋ぐコミュニケーションにとっても重要である。しかし，この二つは明確に分けられるものではない。日本の伝統技能においては，「まねる」ことが重要視されるものが多いが，これらは技能の習得が入口であっても最終的には一種のコミュニケーションを目指すものである。

　ここで，書道における臨書を例に挙げる。臨書はまず，手本を忠実に真似て書をかく「形臨」から始まる。さらに段階がすすむと作者の生き方や精神性までを模倣する「意臨」を行う。そして最終的に，作者を乗り越え，手本を見ずに書く「背臨」の境地に至ること目指すという。これは，技能の習得を通じて作者と不断にコミュニケーションを図ることである。

　したがって，一見，技能の習得を目的とするための模倣に見えても，模倣することで，その手本の作り手の行動をなぞり，元の作り手とコミュニケーションしながらに手本に近づく。さらに，手本の示す世界観を解釈によって変容させてしまう，あるいは手本とは別の世界を創造するということを人間は行うのである。

　以上のような「模倣」という行為の広がりを前提に，アフリカの狩猟採集民サン（サンの社会や文化については第4章参照）の社会における模倣とその意味を考察する。

1-3　サンにおける物まね

　サンは子どもだけでなく大人もさかんに物まねを行う。まず，娯楽的な文脈で次のような物まねが行われる。①人物描写のための物まね，②自分の体験の再現，③動物の動作や鳴き声の物まね。

①は，えらそうに振る舞う人や役人，あるいは誰か仲間をからかうときに，その人の特徴的な歩き方，話し方，動作をまねて皆で笑ったり批評したりして楽しむ。②は，狩りや旅など自分が体験したことを他人に語って聞かせるときに，自分自身や動物の動きをまねて臨場感たっぷりに現場を再現するものである。③は，動物や鳥のことを知識として子どもに語って聞かせるときに，動物や鳥の動きや鳴き声を微細にまねてみせるというものである。

以上のような，キャンプで行われる娯楽的な物まねのほかに，サンは狩猟の現場で狩猟技術の一端として物まねを行う。

彼らは，ブッシュの中で足跡や動物の糞，食痕などの痕跡を発見すると，これらの痕跡から動物の行動を再現する。足跡の大きさから年齢や雌雄を推察し，どちらから来て何をしてどこへ立ち去ったかを説明する。罠を仕掛けた場所の動物の足跡は，特に念入りにその意味を読み取る。足跡をたどって歩き，動物の行動や心理までを再現する。また，獲物に傷を負わせて追跡しているときには，足跡をたどって獲物と同じように移動したり休憩したりしながら，動物の心に自分の心を重ね合わせる。

このように，物まねは，サンの社会では子どもだけでなく大人も熱心に行う娯楽であると同時に，生業活動である狩猟に結びつく重要な行為でもある。

2．サンの子どもの遊び

2-1 「遊び」と「実用」の境界があいまい

サンの子どもの遊びは，日本の子どもの遊びと比べて，以下のような特徴がある。

①道具（遊具）を使った遊びが少ない。

②日本ではポピュラーな「鬼ごっこ」「隠れんぼ」が，サンの遊びには見られない。
③競争的な遊び，たとえば「かけっこ」が見られない。
④「遊び」と「実用」の境界があいまいである。

これらの中から，特に「遊びと実用の境界」について考察する。

サンの子どもも，日本の子どものように3歳前後の子どもは「ままごと」をして遊ぶ。特に女の子は，布の切れ端や毛糸くずで10センチにも満たない小さな人形をつくり，その人形をおんぶして運んだりする。また，細い枝と草で，その人形が入るくらいの小さな「小屋」をつくり，人形を小屋の中に座らせて遊ぶ。これは，典型的な「ごっこ遊び」である。

このような段階を経て，4〜5歳になると，もう少し年齢の上の子どもたちと混じって遊ぶようになる。この集団は，4〜5歳から12〜13歳くらいまでの年齢の子どもたちで構成される。この年齢の子どもたちは，女の子は女の子だけで，男の子は男の子だけで分かれて遊ぶ傾向が強い。しかし，少年少女が一緒になって，「大人の日常生活のまね」をすることもある。

サンの子どもたちは，定住キャンプから数十メートル離れたところに自分たち用の小さな小屋を建て，その前で料理を煮炊きしたり，食べ物を分配したり，歌を歌ったり，大人の男女の恋愛の様子までまねたりする。これらは，「大人になるための練習」なのだろうか？料理は実践的な「調理実習」なのだろうか？

サンの子どもたちの料理は，あくまでも「遊び」である。なぜなら，自分の家ではなく，わざわざ家から離れた場所で料理をしている。また，鍋や皿などの正しい道具を使わず，空き缶を鍋のかわりにしたり，葉っぱを皿として使ったりする。つまり，「仮り」の道具を使うことで，彼

らの行為がフィクションであり，遊びであることを示している。薪も，家にあるものを使わず，自分たちで小枝を探してきて火をおこす。料理するものは，家から持ってきたトウモロコシ粉や小麦粉だけでなく，自分たちがブッシュで狩猟した鳥，トカゲ，地リスなどの小動物，あるいは，採集した木の実や野草などである。小麦粉で揚げパンをつくるときは，ことさらに小さくつくって本物と区別する。

　このような「大人の日常生活のまねごと」は，手本である大人の世界をできるだけ正確に模倣しようとしつつ，しかし，模倣すること自体を楽しんで役柄を演じているのである。このような「別の世界」の創造が遊びの重要な要素であるといえよう。

2-2 「狩猟遊び」と「騎馬猟ごっこ」

　サンの少年たちは，小さな弓矢やパチンコで鳥や小動物を捕まえて遊ぶ。これらの「狩猟遊び」は，実際に食料を獲得する実用的な行為である。だからといって，少年たちは，大人の狩猟と同じことをして狩猟の訓練をしているかというと，そうとは限らない。「小さな弓矢」「パチンコ」は子どもしか使わないものであり，子どもの遊びの中で完結してい

写真 10－1　おもちゃの弓矢で鳥を狙う少年
　　（1989 年　今村薫撮影）

るからである。

　このような「狩猟遊び」とは別に，演劇的要素の強い「騎馬猟ごっこ」をして遊ぶことがある。

　ごっこ遊びには，あらすじが子どもたちの間で共有されていることが指摘されている（ガーヴェイ 1980）が，この狩猟ごっこにも，以下の三つのパートからなる「あらすじ」がある。①木の枝でおもちゃの「槍」と「馬」をつくる。このパートは工作である。②全員が「ハンター」になり，「槍」をもち「馬」にまたがったまま全力疾走する。（この部分は競争ではないので「かけっこ」ではない。）ひとしきり走ったあとで，少年たちは「ハンター」と「獲物」に分かれる。ハンターは獲物と取っ組み合いする。さらに，「槍」で「獲物」を刺す。このパートは活発な身体活動が中心である。③獲物役の少年は倒れ，この獲物をハンターが「解体」する。獲物の腹を正中線から切り開き，皮の下に拳を入れて皮を剥ぐ様子や，腱を切って関節をはずす様子などを，少年たちは神妙な面持ちで微に入り細に入り再現する。このように「解体」されている間中，獲物役の少年はくすぐったいのをこらえている。このパートはいかに本物らしく振舞うかに意識が注がれる。

　「騎馬猟ごっこ」は全体で1時間足らずの遊びである。この遊びは，走りまわる，転げまわる，取っ組み合うなどの身体活動も楽しさの一因だが，それ以上に共有された想像上の世界を参加者全員でつくり上げることに楽しさと喜びがある。

　子どもの集団遊びには，技能を年長者から教わり習得する実用的な側面と，メンバーがイメージを共有しながら新たな世界を創造する側面の両面があり，実際の遊びの中ではその両方が見え隠れしながら共存している。

3. ダンスと祈り

　ここまで，遊びや模倣について考察してきた。ヒトの模倣の特徴は，対象の動きを正確になぞることである。なぞることで，対象の心理に近づくことが可能であり，さらに対象を越えて別の世界をつくり出すこともできる。歌やダンスも遊びの一種である。サンの場合，動物の模倣をモチーフにしたダンスを踊ることで，自然界への祈りを表現させている。

3-1　初潮儀礼

　サンの少女は，15 〜 16 歳になって初潮を迎えた瞬間から，その後の数年間，様々な儀礼行為や禁忌事項を守らなければならない。これらの一連の儀礼および儀礼に付随する行為の全体が，「初潮儀礼」である（今村 2010）。この儀礼は，人生の節目に行う「通過儀礼」（ファン・ヘネップ 2012）の一つであり，少女は約 2 週間別の小屋に隔離される。この間に少女は年長の女性から教訓を受け，女性たちが集まってダンスを踊って祝福される。

　初潮儀礼のうちで最も華やかなものは，この祝福のダンスである。ダンスには，サン語で「エランド」を意味する名前がついている。エランドは，カラハリ砂漠に生息する大型の羚羊である。脂肪が多く，まるまると太った動物であるが，敏捷で跳躍力に優れている。エランドは，狩猟の肉として好まれるだけでなく，人間の女性の理想形であり，多産を象徴する。

　ダンスには，同じキャンプだけでなく，他のキャンプの女性たちも集まってきて少女を祝福する。集まった女性の半数は歌い手にまわり，手を叩きながら甲高い声で歌う。あとの半数は一列になって小屋の周りを踊りながら回る。スカートをめくって大きなお尻を突き出し，臀部と乳

房を左右に揺らして誇示しながら踊る。

　この踊りには，男性は近づいてはいけないことになっている。しかし，例外的に数人の老人が踊りに加わることがある。老人は，エランドの角に似せた2本の枝を頭につけて女たちの踊りの輪に入る。これは，一頭のオスのまわりに複数のメスが群れているエランドの様子を描写したものであるという。

　野生動物のエランドの群れをモチーフにしたダンスは，雨が降り，植物が実り，動物が肥え太って大地を駆けまわる世界を再現している。また，初潮儀礼中の少女には，雨風や野生動物などと通じ合うような特別の回路が開くと考えられている。この回路によって人々は自然に直接働きかけ，豊饒や狩りの成功を祈ることができるのである。

3-2　ヒーリング・ダンス

　サンは，薬を飲んでも治らないような重い病気には，伝統医が踊りを踊って治療することがある。この治療のためのダンスのことをヒーリング・ダンスという。

(1) ダンスの始まり

　ヒーリング・ダンスは，日が暮れてから始まる。焚き火の周りに10人あまりの女性たちが集まり，輪になって座る。病人を連れてきてこの輪に加わらせる。まず，一人の女性が手を打ち鳴らしながら甲高い声で一つの旋律を歌う。ヒーリング・ダンスの歌には歌詞はない。即座に数人が合いの手を入れ，旋律を重ねてポリフォニーが始まる。さらに，次々と女性たちが唱和し，複雑なリズムを拍手で刻み，歌声の厚みが増してくる。

　そうすると，男性の踊り手たちが一列になって，ステップを踏みしめながら女性たちの背後を回り始める。4～5人の踊り手たちの中で，一

写真 10 − 2　ヒーリング・ダンスの様子
（1993 年　今村薫撮影）

人のヒーラー（治療者，伝統医）が治療の中心になる。ヒーラーは病人の病を自分の身体にのり移らせ，さらに超自然的存在である「カミ」を説得して病気を治すことができると信じられている。ここでいう「カミ」とは人間の上に鎮座する「神」ではなく，かなり人間と対等な存在物を指す。

　ヒーリング・ダンスには，いくつかの曲目がある。それらは，サン語で「ゲムズボック」「キリン」「ワイルデビースト（羚羊の一種）」「ミツアナグマ」「ハト」「コバー（草の名前）」などの動植物を意味する名前がついている。これらの曲には流行りすたりがあるが，近年セントラル・カラハリ・サンの間で好んで踊られるのは「ゲムズボック」である。ゲムズボックは大型の羚羊で，最も狩りの対象になりやすい動物である。ヒーリング・ダンスのときに，ゲムズボックの角を削った破片をヒーラーが病人に投げかけることもある。

(2) 治療すること

　ヒーラーは,「ガラガラ」を脛に巻いて踊る。ガラガラは, ダチョウの卵殻の破片を蛾の繭に入れ, その繭を数十個, 糸で数珠つなぎにして作ったものである。

　彼は, 低いうなり声や高い裏声を自在に出し, 女性たちが畳み掛けるように手を打って繰り出すリズムに乗って踊る。また, 病人の患部に手をあて, 喘ぐような独特の呼吸をしながら激しくステップを踏む。

　ヒーラーは, 病人と呼吸を合わせ, 彼の意識を病人に集中させ, 彼と病人を同調させる。こうすることで, 病人の身体に取りついた「邪悪なもの」を自分の身体にのり移らせる。そのうちに, ヒーラー自身も, 他の踊り手たちも次々と意識を失い倒れこむ。この状態は,「邪悪なものがヒーラーの身体に満ち満ちた」結果であるといわれる。そのとき彼の意識はカミのところへ行き, カミと激しく口論する。カミが病人の治癒に同意すると, ヒーラーの痛みは解放される。彼が砂の上で痙攣するたびに, 身体の痛みは振り落とされて消えていくという。このような意識の変性を, 一般にトランス状態という。またサン語では「ダンスにおいて死ぬ」と言い表す。また, 別の言語グループであるクン・サンは,「沸騰するような熱いエネルギー」がヒーラーの身体の中心に生じると表現する。ヒーラーは, 病人のどこが悪いかを透視し, そのエネルギーを病人に与えることで治療する（カッツ 2012）。

　女性たちが歌声を重ねるポリフォニーと手拍子のリズム, ヒーラー自身が刻む激しいステップ。ダンスの場を構成するこれらは一種の文化的装置である。このような装置の中でトランス状態に入れるよう, ヒーラーは経験を積むという。

(3) 聖なる体験

　サンの治療方法は,「超自然的存在との直接接触または直接交流（佐々

木 1984)」によって諸問題を解決するという点で，シャーマニズムの一種である。ルーマニア生まれの宗教学者エリアーデは，シャーマニズムという宗教概念について研究し（エリアーデ 2004 など），特殊な聖体験について論じた。シャーマニズムの基本特徴は，シャーマン（治療者）と神霊との間に，シャーマン側の意志による直接の交流があることであると彼は指摘した。

人間と神々との直接交流としては，神霊の人間への憑依や，神が人間に啓示を与えるなど，神霊側の主導によるものが知られている。これに対して，シャーマニズムは，人間であるシャーマンの魂が身体から離れて天空を飛翔して神霊と交流するという逆方向のものであるとエリアーデは主張した。

エリアーデの聖俗二元論は，近代化思想の流れに対して一石を投じるものであった。なぜなら，啓蒙主義的な近代西洋思想の根幹にあったのは，人類の近代史を，キリスト教に支配された中世的宗教世界から解放されて，理性に基づく科学的な世俗世界を実現する過程として捉えた，世俗化思想であったからだ（嶋田 2011）。この思想の例として有名なものは，人類の思考進化を「呪術→宗教→科学」と説いた社会人類学者フレイザーの「金枝篇」(1976-1979) だろう。

しかし，エリアーデは，聖と俗は二者択一されるものではなく，緊張関係を保ちつつ共存・両立するものであると訴えた。しかも「聖なるものの体験」は，人間存在の究極的な根拠に関わる体験であり，それなしに人間は生存の意味さえ見失うとさえ論じた。そして，人間社会は，たえず聖なる世界に立ち戻り，俗なる世界の更新をはからなければならないと結論づけた（第 9 章参照）。

(4) カミの存在

サンが聖なる体験の中で対話する「カミ」とはどのようなものなのだ

ろうか。

　彼らはガマという超越者の存在を信じている。ガマは，この世界を造った創造主であり，人間に悪も善ももたらすという。雨を降らせて野生の動植物を育て，人間を狩りでの成功に導くなどの恵みをもたらすのはガマだが，逆に，照りつける太陽で大地を干上がらせ，人々を飢えと渇きで苦しめるのもまたガマである。

　彼らの会話に出てくるガマは，もっぱら悪の部分が強調される。たとえば，「ガマが身体に入って病気になった」「ガマのせいで狩りに失敗した」のように，悪いことが起きればそれはガマの仕業である。善悪かかわらず，人智を超えたこと，あるいは自分の責任にできないことはすべてガマのせいにされる。

　ガマは，昔話や物語に登場するときは，「ピーシツォワゴ」と呼び名を変える。ピーシツォワゴは，創造神的な性格をもつが，同時に，民話の世界でトリックスターといわれる「いたずら者」の地位を与えられ，動物のようでもある（第9章参照）。物語の中の動物たちは，いずれもそれぞれの動物としての特徴をもちながら，つねに人間の姿として登場する。その昔，動物と人間は不可分な存在であり，動物が人間と同じ振舞いをするかと思えば，人間もまた知らぬうちに動物になり変わっている（田中 1994）。そのような，人間と動物が不可分の状態としてカミが描かれる。

　自然の中に生きる狩猟採集民の宗教文化において，自然を最終的に支配するカミは最高神なのだろうか。いや，サンの現実の中では，そのカミは善でもあり悪でもある。そして，ヒーラーはカミと対等に口論する。そんな多義的なカミとの交流の場としてヒーリング・ダンスが行われる。

(5) **女性たちによる歌**

　踊り手たちがトランスに陥っている間も，女性たちは途切れることな

く歌を歌い続ける。彼女たちは，声を重ね合わせ，間髪容れずに手拍子を入れることに意識を集中させているが，中の数人の女性は，意識を失った踊り手たちが焚火に突っ伏して火傷をおわないように，踊り手の体を支えたりしている。

　ダンスがクライマックスに達すると，突然女性たちは歌声をとざし，手拍子だけの掛け合いが数小節続く。そして，それもピタリと終わり静寂だけが残る。このとき人々は歌いきったという充足感に満たされており，「枝がポッキリ折れるように歌い終えた」と表現する。一曲およそ一時間のダンスが何度も繰り返され，夜が白々と明けるまで延々と続く。「女性たちの歌声によって，ヒーラーはエネルギーをもらう」ともいわれる。

(6) キャンプ全体の浄化

　ヒーリング・ダンスは特定の病人の治療を目的にしているが，病人だけでなく，ダンスに参加した人全員が癒される。さらに，踊り手たちが邪悪なものを追い払うことで，「キャンプ中から悪いものがすべてとりはらわれて浄化される」(田中 1971)という。

　このように，ヒーラーはキャンプにとって重要な存在だが，けっして特別視されることはない。ヒーラーは他の男性と同じように狩猟を行ったり，皮をなめしたりして日常生活を送り，専業化されていない。また，人々が娯楽として踊っているうちに，ダンスが盛り上がって治療に移行する場合もあり，日常生活とヒーリング・ダンスは連続している。

　一緒に踊る中から生まれる，生命エネルギーの交換，共鳴，そこから生まれる癒しによって，はじめて人は人たりえる。サンは人を癒す能力は誰にでもあると考えている。「癒しが私たちの心を幸せにする」と表現し，人を癒すことが，「本当の人間」「普通の人間」として生きることを可能にすると断言するサンもいるのである（カッツ 2012）。

4. 祈りの世界の創造

　ヒトの「真の模倣」の能力，つまり対象の動きを忠実になぞる能力が，対象の心理に近づくことを可能にし，さらに想像の世界をつくり出すことについて述べてきた。サンは，動物の形跡を読み取って「なぞり」，動物の行動をまねることで狩猟を行う。あるいは，ブッシュの中を歩き回り，植物と地形で作られた景観を「なぞる」こと自体が，自然をつくったカミの存在を感じ，カミを想像することに繋がる。

　動物をまねること，自然をなぞることを様式化し，想像上の世界を皆で共有する場が，サンの歌とダンスである。幾重にも重なった歌声と激しいリズムに合わせて，声を出し，呼吸し，手を打ち，踊るといった総合的な身体活動が意識の変性を引き起こし，超越的存在であるカミとの直接対話を可能にする。この宗教体験において人々は癒され，さらに豊饒や平安を祈ることができるのである。

　楽しみや喜びなどの感情の表現であるダンスと，治療を目的としたダンスは，一見異なっていても実は同根である。自然の恵みであり，同時に悪霊であるカミと感応し，対峙し，乗り越える生活の体験が，病気から人を回復させ，キャンプに平安をとりもどす原動力となっているのである。

引用文献

今村薫『砂漠に生きる女たち―カラハリ狩猟採集民の日常と儀礼』(どうぶつ社 2010 年)

エリアーデ, M., 堀一郎訳『シャーマニズム―古代的エクスタシー技術』(上・下)(筑摩書房 2004 年)

カッツ, R., 永沢哲・田野尻哲郎・稲葉大輔訳『〈癒し〉のダンス―「変容した意識」のフィールドワーク』(講談社 2012 年)

ガーヴェイ, C., 高橋たまき訳『ごっこの構造―子ども遊びの世界』(サイエンス社 1980 年)

佐々木宏幹『シャーマニズムの人類学』(弘文堂 1984 年)

嶋田義仁「シャーマニズム再考―国際比較のなかから」嶋田義仁編『シャーマニズムの諸相』10-27 頁(勉誠出版 2011 年)

田中二郎『ブッシュマン―生態人類学的研究』(思索社 1971 年)

田中二郎『最後の狩猟採集民―歴史の流れとブッシュマン』(どうぶつ社 1994 年)

トマセロ, M., 大堀壽夫・中澤恒子・西村義樹・本多啓訳『心とことばの起源を探る』(勁草書房 2006 年)

ファン・ヘネップ, A., 綾部恒雄・綾部裕子訳『通過儀礼』(岩波書店 2012 年)

フレイザー, J.G., 永橋卓介訳『金枝篇』(全 5 巻)(岩波書店 1976-1979 年)

ホイジンガ, J., 高橋英夫訳『ホモ・ルーデンス』(中央公論社 1973 年)

明和政子「人間らしい遊びとは?―ヒトとチンパンジーの遊びにみる心の発達と進化」亀井伸孝編『遊びの人類学ことはじめ―フィールドで出会った〈子ども〉たち』135-164 頁(昭和堂(2009 年)

もっと学びたい人のために

ウェイド, N., 依田卓巳訳『宗教を生みだす本能―進化論からみたヒトと信仰』(NTT 出版 2011 年)

ミズン, S., 熊谷淳子訳『歌うネアンデルタール―音楽と言語から見るヒトの進化』(早川書房 2006 年)

1. 日本の子どもの遊びが，近年，どのように変化したかまとめてみよう。
2. 「祈り」は，どのような場面で見られるか考察してみよう。

11 | もののやりとりと社会関係

深山　直子

《目標＆ポイント》　ヒトの普遍的かつ日常的な活動であるもののやりとりについて考える。まず，贈与にともなう約束事を確認し，それが交換に発展する仕組みを指摘する。次に交換と，それを行う人々の社会的距離や社会統合との関係性について明らかにする。その上で「市場交換」というやりとりの特異性を浮き彫りにする。
《キーワード》　贈与，交換，約束事，互酬性，貨幣，社会関係

1. ものを贈る

1-1　贈与にともなう約束事

　私たち現代人の行動原理は，経済的合理性だとしばしばいわれる。すなわち，常に自分が得るものを最大にする一方で，失うものを最小にするように行動しているというわけである。しかしその一方で，贈りものをする慣習は現代でも広く見られる。日本ではたとえば世話になった相手に，夏にはお中元，年末にはお歳暮として食べ物や商品券などを贈る。あるいは，親しい相手が結婚，出産，死去といった人生における重要な節目を迎えた際には金品を贈ることはよくあることだし，さらにその相手とより近しい関係にあれば，誕生日や入学・卒業，引っ越しや昇進などの機会にも贈りものをすることが珍しくない。このような贈与は一見，自分が得るものなしに失うばかりに見えるから，経済的合理性から説明することは難しい。なぜヒトはものを贈るのだろうか。まずはそのことについて考えてみたい。

ものを贈ること，すなわち贈与は世界各地の社会に普遍的に見られる慣習だとした上で，それにともなう三つの約束事を指摘したのは，フランスの社会学者モースだ。約束事とはすなわち，①贈ること，②受け取ること，③お返しをすること，である（モース 2009）。たとえば日本では先にも触れたように，親類や友人・知人が結婚する際には，結婚祝いとして金品を贈るという慣習がある（①）。贈られた側は，その金品を決して拒むことなく受け取る（②）。そして，贈られた側は贈った側に，「引き出物」や「内祝い」というかたちで，さらに今度は相手が結婚することになった場合には結婚祝いというかたちで，お返しをする（③）。ここで重要なことは，贈る側，贈られる側という二者の関係は，三つの約束事が守られることによって，安定が図られるということだ。その反対に，もし約束事が破られたら，その関係は不安定になることを免れ得ない。すなわち親友が結婚すると知っていても何も贈らなかったり，結婚祝いとして送られたティーカップが自分の好みのデザインとは異なるからといって受け取ることを拒んだり，あるいは受け取ったまま「引き出物」あるいは「内祝い」といったお返しをしなかったりすると，二者の関係はぎくしゃくし，場合によっては疎遠になってしまうのである。

　贈与がもつそのような力は，日常生活の何気ない一コマにも見て取れる。たとえば，フランスの人類学者レヴィ＝ストロースが描いた次のエピソードは有名だ。南仏の大衆レストランでは，食事と一緒にグラス一杯分の小瓶に入った安いワインが供されるという。昼食の混雑時に，あるテーブルでは二人の見知らぬ客が相席になっていた。その内，一人の客が自分の小瓶を手に取り，向かいの客のグラスにワインを注いだ。注いでもらった客は，今度は自分の小瓶を手に取り，相手に注ぎ返した。結果的に二人のグラスには，誰が注ごうと何ら変わらない質・量のワインが入っている。しかしながら，その後二人の間のぎこちない空気感が

緩み，会話が始まったであろうことは想像に難くない。つまり二人はお互いに一杯のワインを贈り合うことによって，赤の他人であることやめて距離を縮めた（レヴィ＝ストロース 2001：145-147）。こう考えてみると，贈与は単なるものの移動ではなく，社会関係の形成や継続に深く関わっていることがわかる。

1-2 贈与にともなう感情

　ここで，贈与という行為にともなう感情的側面に注目してみよう。贈られたものを受け取ることは，基本的に嬉しい，喜ばしいことだ。と同時に贈られる側は贈る側に，申し訳なさや「負い目」を感じることも事実である。逆に贈る側は優越感を感じる。なぜならば，贈与とは贈る側は贈られる側に「貸し」を，贈られる側は贈る側に「借り」をつくる行為であるからだ。つまり贈与がなされた時点で，二者の関係は均衡性を欠いた状態になっているといえる。贈られた側の「負い目」の感情こそが，お返しをすることの動機になる。すなわち，次の機会にお返しをすることで「借り」を清算し，再び関係を対等に，ひいては自分が優位な状態にしようとするのである。

　北米北西部海岸の先住民諸社会では，現地語で贈与あるいは贈りものを意味するポトラッチという慣習が行われてきた。ポトラッチは，人生儀礼等の折に主催者と来客者の間で行われる。主催者が来客者に食べ物や毛布あるいは金属製品などを贈ると，来客者はそれと同等以上の贈りものをお返しする。それを受け取った主催者は再びそれと同等以上の贈りものを贈り返す。つまり両者ともに「負い目」を引き受けまい，とお返しを繰り返し，結果として延々と続く「贈与合戦」の様相を帯びていくのである。この間，当事者は対等で競合的な関係にあると捉えられるわけだが，もしも贈られたものに見合ったお返しをすることができない

ことがあれば，対等性が崩れて贈られた側は贈った側に対して劣位に立つこともあったという。さらに,「贈与合戦」がヒートアップした場合には，集められたものがみなの前でこれ見よがしに破壊されるということさえあったという。これはすなわち，この程度のものに執着しないとする姿勢を表しており，結果的に寛大さ・気前のよさのアピールになったと解釈されている（モース 2009）。

近年ではポトラッチ研究の批判的再考が進み，過剰な贈与やものの破壊は，ヨーロッパ人との接触による急激な社会変容という特殊な条件下だったからこそ見られたのだという指摘がされている（立川 2016）。とはいえポトラッチの事例は，当事者が贈ったり破壊したりすることによって手元からものを失えば失うほど，彼らの地位や名誉は上昇する点で，贈与の本質をあぶり出しているようで興味深い。

2. ものをやりとりする

2-1 互酬性と社会的距離

これまで見てきたように，贈与はお返しをするという約束事があることによって，贈る側と贈られる側が入れ替わり，一方向的なものの移動に留まらず双方向的なものの移動に発展する。つまり，ものを「やる」だけ，あるいは「とる」だけではなく，もののやりとりすなわち交換が成立する。贈与を交換に発展させるお返しの原理のことを互酬性とよぶ。

しかしながら，ものの贈与や交換をする人々がどのような社会的距離にあるのかにより，そのような互酬性の働きは異なると考えられる（図11 - 1）（サーリンズ 2012）。まず，社会的距離が近い人々，すなわち親密で気の置けない間柄にある家族や親族などの間では，「一般的互酬性」をともなった，お返しが意識されない一方向的な贈与が指摘できる

という。身近なところでいえば，親が子に衣食住を「やる」ことは，その典型例だ。あるいは，狩猟採集を生業とした家族を基盤とする小規模な社会では，狩猟で肉を獲った人が獲れなかった人々に寛容に分け与えること，すなわちシェアリング（分かち合うこと）が当たり前だが，そこにも「一般的互酬性」がみてとれる（今村 2010）（第 4 章参照）。

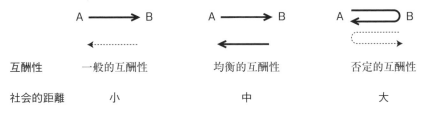

図 11 － 1　互酬性と社会的距離の関係
　　出典：（サーリンズ 1984：232 － 236）を改変

　受け取る側は「負い目」を感じないのでお返ししなければならないとは思わず，また与える側においてもお返しへの期待は希薄である。ただし長期的に見れば，当事者の間で与える度合いと受け取る度合いに差は無くなるとされる。親子の場合には，親が年老いた際には，今度は子が「やる」方になって面倒をみるだろう。狩猟採集社会においても，運よく獲物を手に入れる人は日々異なるから，シェアリングが繰り返される中で均等なやりとりになるというわけである。
　次に，社会的距離がある程度ある人々の間では，「均衡的互酬性」をともなった短期間でのお返しが強く意識される双方向的な贈与，すなわち交換が指摘できるという。再び身近なところでは，先に挙げた親類や友人・知人の間での結婚祝いにこの種の互酬性がみてとれる。あるいは，かつてオセアニアのサモア社会では，結婚に際して夫とその親族集団から妻とその親族集団に対して，ブタやイモなどといった食べ物，現

在は現金が贈られる一方，妻側から夫側へは細編みゴザが贈られたが，これもまた典型例だ（山本・山本 1996）。このような儀礼的な交換においては，贈与とお返しに際して，その内容や方法が詳細に定まっていることが一般的である。

さらに，社会的距離は遠く関係が希薄で場合によっては敵対関係にあるような人々の間では，「否定的互酬性」をともなった，相手から最大の利益を得ようとするような行為，極端な例としては略奪や詐欺が指摘できるという。その当事者は，お返しを意識しないどころか，相手の存在や相手との関係に配慮せずに自分の利益の最大化だけを考えるというわけである。

2-2 交換と社会統合

このように考えてみると，ものの交換がいかに私たちの社会関係や感情，そして地位や名誉など多側面に関係しているかがわかる。ウィーン生まれの経済学者ポランニーの表現を借りれば，経済が「社会に埋め込まれている」状態である（ポランニー 2005）。

ポランニーは，ものの交換こそは経済を秩序立てて社会を統合する仕組みだと考えて，交換を三つに類型化した。第一に，似通っていて対等な社会関係にある個人や集団の間での交換を「互酬交換」とした（図 11-2）。先に見たポトラッチやシェアリングはこれに相当するといえよう。当事者が三者以上の場合でも，三者が一方向にものを贈ると，各々において贈ること，贈られることに偏りがなくなるので，「互酬交換」とみなすことができる。第二に，社会に権威・権力を伴う中心があり，その中心に対してものが贈られて集積し，その後今度は中心から周辺へとものが拡散されていくような交換を「再分配」とした（図 11-2）。たとえば平常時に平民が王や首長に対して納める食べ物が，儀礼や祭祀

といった特別な機会に平民に対して振る舞われる事例は，これに相当する。ポトラッチは，その場においては「互酬交換」として捉えられるが，富める者によって贈られたものが最終的に貧しい者たちへと行き渡る点に注目した場合には，「再分配」として捉えることも可能だ。第三に，次節で詳述するが，自分が欲しいものと相手が手放せるもの，自分が手放せるものと相手が欲しいものの交換を，「市場交換」とした。いわゆる物々交換やものの売買に相当する。

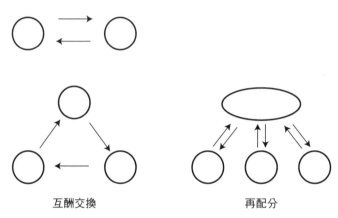

図11－2 「互酬交換」と「再分配」
出典：(綾部・桑山 2010：51) を改変

　ここで興味深いことは，「互酬交換」と「再分配」では，交換に際して当事者間に社会関係があることが前提となっており，さらに交換によって社会関係が維持・強化されることが期待されるということだ。ところが「市場交換」では，自分と相手がその交換に同意さえできれば，社会関係は必要ないし，結果として形成されることも少ない。前節の議論に引き付ければ，だからこそお返しが意識されず，自分の利益の最大化だけが関心事となる。換言すれば，「互酬交換」と「再分配」は「社

会に埋め込まれている」が，「市場交換」はその度合いが低いといえそうだ。

　ポランニーは以上のような交換の3類型を，社会の歴史的発展と結び付けた。そして，「互酬交換」は古代以来の小規模な集団あるいは部族から成る社会で，「再分配」は王制・首長制社会で，「市場交換」は近代以降の社会で支配的だと考えた（第12章参照）。

　確かに現代日本社会では，「市場交換」が盛んに行われ，それが社会を統合する仕組みとして幅を利かせているように見える。しかし他方で，たとえばお中元やお歳暮，結婚祝いや葬式の香典は「互酬交換」，税金や社会保障の仕組みは「再分配」として継続している。ここでさらに，「ただより高いものはない」ということわざを考えてみよう。この「ただ」には，金銭的な「無料」のみならず「何事もないさま」という意味も含まれている。いずれにせよ自分が何もしないで何かが得られるのであれば，経済的合理性には見合っている。にもかかわらず，この慣用句は「ただ」は最も「高くつく」，すなわち失うものが大きいとして，「ただ」で何かを得ることを戒める。なぜならば，ここまでの議論に従えば，まずお返しをするという贈与の約束事を破棄して社会関係を不安定にするリスクに加え，「負い目」や「借り」を引き受けっぱなしにして自らを不利にするリスクもまたあると考えるからだ。つまり，私たちの社会では交換をめぐって，経済的合理性とは異なる従来の原理がなおも顕在なのである。

3. ものを売買する

3-1　市場と貨幣の発明

　ポランニーの三類型の中でも異質な「市場交換」は，その名の通り市

場もしくは市場という場で典型的に見て取れる交換の類型である。「市場交換」は物々交換から始まったと考えられる。

　たとえば，内陸部にあるＡ村ではイモがたくさんとれ，他方海辺のＢ村では魚がたくさんとれるとしよう。Ａ村民がイモを手放し魚を欲しいと思った時に，その反対に魚を手放しイモを欲しいと思うＢ村民に出会い，交換に至れる確率は低い。そこで，みなが手放せるものをもち寄る一方で，みなが欲しいものが手に入ることを期待する場，すなわちものを交換することに特化した場が発達した。それが市場である。なお，市場がより緻密化・組織化・大規模化したものが市場であると考えられる。

　ところが，Ａ村民が自分たちのイモと魚を交換しようと市場にやってきても，Ｂ村民は不漁で市場に魚をもって現れないかもしれない。あるいは，Ｂ村民が魚を持って現れたとしても，彼らはイモではなく布を欲しがり，イモを欲しがるのは果実を持ってきたＣ村民かもしれない。仮にうまくＡ村民は魚を，Ｂ村民はイモを欲しいと思ったとしても，Ａ村民がもっているイモの分量では，Ｂ村民は魚を手放すことに納得しないかもしれない。つまり，市場があってもなお二者間が合意して物々交換に至ることは簡単ではない。

　このようなことから，ヒトが交換の媒体として発明したのが貨幣だと考えられる。自分の手放せるものをいったん貨幣と交換し，その貨幣で別の機会に自分の欲しいものを手に入れればよいのだから，相手がその場で自分の欲しいものをもっている必要がない。だから貨幣を介する交換すなわち貨幣経済は，直接的な物々交換に比べて，交渉が円滑に進みやすく成立しやすい。視点を変えれば，物々交換以上に「社会に埋め込まれている」度合いは低く，当事者の社会関係からは切り離されている。よって，売り手と買い手は赤の他人で，出身地や宗教，親族との関係性や価値観が異なっても，言葉が交わせない場合でさえも，貨幣の使用法

さえ理解していれば交換が可能である。このような貨幣の利便性によって，人間の経済活動は地域や文化を超えて飛躍的に拡張したと考えられよう。

　ここで貨幣の機能を三つにまとめておこう。第一に支払機能で，自分が手に入れたものの対価として，貨幣で支払うことができる。すなわち，多様なものと交換が可能である。第二に貯蔵機能である。イモや魚ならば腐ってしまえばその価値は減じたりなくなったりするが，貨幣は価値を変えることなく貯蔵ができる。第三に価値尺度の機能である。本来ならばイモと魚は全く異なるものなのでその価値は比較が困難だが，たとえばイモ1個はある貨幣一つ分の価値，魚1尾は五つ分の価値と置き換えることで，魚1尾はイモ1個の5倍の価値があるとみなせる。こうして異なるものの価値を比較することを通じて，結果的にものの価値を計ることを可能にするのである。

　歴史を遡ると，これまでいろいろな素材や生産物が貨幣として使用されてきた。貨幣が発明された当初には，当該社会で価値をもつ穀物，家畜，布，塩などが貨幣として流通した。これらを「実物貨幣」という。しかしながら貨幣とその仕組みが浸透していくと，消費されたり変質したりすることがなく，集めたり分けたり運んだりする際に都合のいいものが，貨幣として選ばれるようになった。現在では多くの社会では，まるい金属片を硬貨として，四角い紙片を紙幣として利用するようになった。これらを「名目貨幣」という。ものとしての価値はないに等しいにもかかわらず，私たちがそれらを欲しくてたまらないのは，あらゆるものと交換できると信じているからだ。そして「名目貨幣」の交換可能性は国家が保証していることになっている。いずれにせよ，貨幣経済とりわけ「名目貨幣」を介したそれは，人類の現前にないものに対する想像力を不可欠として成り立っているといえよう。

さて、現代では「名目貨幣」が「実物貨幣」に完全に取って代わってしまったのかというと、そういうわけではない。たとえば、ミクロネシア連邦のヤップ島では石貨、パプアニューギニアのニューブリテン島では貝貨が「実物貨幣」として、「名目貨幣」に並行して使用されている。しかしそれらはあらゆるものと交換できるわけではなく、冠婚葬祭時に儀礼的に贈られるなど、使用の目的や方法に多様な制限がある。つまりここでの「実物貨幣」を介した交換は、「社会に埋め込まれ」、当該地域の社会関係や宗教などと密接に関連付けられているのであり、その意味で貨幣経済とは言い難い側面がある。

3-2 「社会に埋め込まれる」貨幣経済

前節ではヒトが貨幣の発明によって、従来の交換よりも社会関係から切り離されたことを指摘した。しかしながら近年になって、貨幣経済を前提としながらも社会関係をむしろ活性化させるための工夫が見られるようになった。たとえば現代日本では、農家や農協などが運営する農産物直売所、時にはスーパーでも、商品である野菜・果実や加工品などに生産者の氏名、場合によっては顔のわかる写真までもが記載されていることがある（写真11－1）。消費者は野菜を手に取って氏名や写真を目

写真11－1　生産者の名前や写真が記載された野菜（都内スーパーにて購入）

（深山直子撮影）

にすることで，その商品が人格ある人によって作られたことを思い出すだろう。さらにその野菜が満足の行く商品だった場合，その消費者は次に来た時にその生産者が作った野菜を探すといったことも起こり得る。

　あるいは現在では，インターネットを経由して，人とももものとも対面することなく商品を購入することがごく当たり前となった。インターネット空間内でのいわゆるネット・ショップでの売買は，物理的な店での売買に比べて，消費者と販売者は互いに相手が人であることを意識しないから，二者の間に社会関係はより一層結ばれにくいといえよう。しかしながら昨今，買い求め郵送されてきた商品に，ネット・ショップの従業員から短い手書きのメッセージが添えられていることがある。ここでも消費者はそのようなメッセージを読むことによって，販売者が人格ある人であることを思い出すだろう。その上で，このネット・ショップを「お気に入り」の店として登録することも起こり得る。

　農産物直売所とネット・ショップ，いずれの場合もそのような工夫は，生産者・販売者が消費者の関心を引き，売り上げを伸ばすことを一つの目的としていることは確かだ。つまり彼らにとっては経済的合理性に沿った行為だと見ることができる。しかしながら，生産者・販売者もまたわずかとはいえ人格を明かしたからには，消費者を念頭に生産・販売活動に励むこともあろう。すなわち生産者・販売者と消費者の間には，ある種の社会関係の萌芽が見て取れるといえる。

　貨幣経済を再び「社会に埋め込む」工夫はさらに，地域通貨の創造にも指摘できる。たとえば，かつて漫画家の手塚治虫のプロダクションが所在し，『鉄腕アトム』誕生の地とされている東京都の早稲田および高田馬場では，地域コミュニティが主体となって2004年に「アトム通貨」を創った。鉄腕アトムが描かれた紙片には，アトムが10万馬力であることにちなんで「馬力」を単位とした数字が描かれている。地域コミュ

ニティはコミュニティの活発化や地球環境への配慮，国際協力の推進などを理念として掲げており，これらの理念に沿った地域団体主催のイベントや加盟店のプロジェクトに参加することで，「アトム通貨」が得られるという仕組みになっている。たとえば，飲食店で自分の箸を持参したら 10 馬力，小売店でフェア・トレード商品を購入したら 10 馬力，といった具合である。この通貨は加盟店で 1 馬力 1 円として使用したり，その他サービスを受けたりできるし，また感謝の気持ちとして他人にあげることもできるという（アトム通貨ウェブサイト，アトム通貨実行委員会編 2015）。

　地域通貨は，使用の目的や方法は極めて限られている反面，通常の貨幣では売買の対象にはなりにくいものごとや感情を「売買」の対象にすることができる。またそのことによって，貨幣経済の活性化に留まらず，社会関係の活性化とそれを基盤とした多様な効果を期待することができる。

　本章で見てきたように，ヒトにとってもののやりとりは常に多義的で在り続けてきた。そして，やりとりされる「もの」自体よりも，やりとりすることによって個人や集団の間で社会関係が形成あるいは維持されることが重要なこともあった。私たちは現代になって，貨幣経済を前提としながらも，そのような多義性を改めて思い起こす方策を模索しているといえよう。

引用文献

アトム通貨実行委員会編『アトム通貨で描くコミュニティ・デザイン―人とまちが紡ぐ未来』（新評論 2015 年）
綾部恒雄・桑山敬己編『よくわかる文化人類学［第 2 版］』（ミネルヴァ書房 2010 年）
今村薫『砂漠に生きる女たち―カラハリ狩猟採集民の日常と儀礼』（どうぶつ社 2010 年）
サーリンズ，M.，山内昶訳『石器時代の経済学』（法政大学出版局 2012（1984）年）
立川陽仁「ポトラッチとは，ポトラッチにおける贈与とは」岸上伸啓編『贈与論再考―人間はなぜ他者に与えるのか』（臨川書店 2016 年）
ポランニー，K.，玉野井芳郎・栗本慎一郎訳『人間の経済Ⅰ・Ⅱ』（岩波書店 2005 年）
モース，M.，吉田禎吾・江川純一訳『贈与論』（筑摩書房 2009 年）
山本泰・山本真鳥『儀礼としての経済―サモア社会の贈与・権力・セクシュアリティ』（弘文堂 1996 年）
レヴィ＝ストロース，C.，福井和美訳『親族の基本構造』（青弓社 2001 年）

引用ウェブサイト
アトム通貨ウェブサイト（2017 年 2 月 28 日時点）
　http://atom-community.jp/

もっと学びたい人のために

栗本慎一郎編『経済人類学を学ぶ』（有斐閣 1995 年）
小馬徹著，神奈川大学評論編集専門委員会編『贈り物と交換の文化人類学―人間はどこから来てどこへ行くのか』（御茶の水書房 2000 年）
中川敏『交換の民族誌―あるいは犬好きのための人類学入門』（世界思想社 1992 年）

1. 現代日本の2月14日「バレンタインデー」におけるチョコレートのやりとりは、どのように分析できるだろうか。考えてみよう。
2. 「貨幣経済を前提としながらも社会関係をむしろ活性化させるための工夫」について、事例を探してみよう。

12 | 支配の仕組み

　　　赤堀　雅幸

《目標＆ポイント》　狩猟採集の時代には，ヒトのつくる集団は小規模で，たがいの関係はきわめて平等であったが，農耕と牧畜が開始されると，集団は大規模になり，その集団を統御する支配の仕組みは段階を踏んで発展していった。支配の仕組みはやがて国家を生み出し，国家に属して生きることはいつの間にか私たちにとって当たり前のこととなっている。この章では，国家の成立にいたる道筋をたどりながら，支配を権力の一方的な行使とみるだけでは不充分であり，支配が社会的な容認に基づくことに目を向けよう。
《キーワード》　権力，バンド，部族，出自，縁組，首長制

1. 群れを超えて生きる

　「支配」とは一般に自己の意志を他者に強制することを指す。支配される側にとってはあまりありがたいことではないから，今日ではこの言葉は好ましくない意味で使われることが多い。にもかかわらず，ヒトはこれまでの歴史の中に数多くの支配者を生み出し，支配の仕組みを練り上げてきた。あたかも支配することを好み，支配されることを嫌う中で，ヒトの歴史は展開されてきたかのようである。

　しかし，ヒトが最初からたがいを支配しようと争ってきたかははっきりしない。狩猟と採集に頼って暮らしてきた長い期間，ヒトはバンド（群れ）とよばれる自律的な小集団をつくって暮らしてきたと考えられている。第4章第2節でみたような，現代の狩猟採集民に関する調査は，数十人からなるバンドが，成員権の規定，行動を律する規範，構造化され

た組織などをもたず，おたがいに対等で，特定の指導者がいないことを明らかにしてきた。そのため，ヒトは人類史の全体からすればつい最近まで，支配被支配の関係とは無縁であったと主張する研究者もいる。他方，私たちに近しい種であるチンパンジーの群れでは，オスの間に序列をめぐった競争が存在することが知られており，厳しい自然環境で生きる狩猟採集民のバンドには，強力な指導者が必要であったと考える研究者もいる。

　確実なのは大規模な支配の仕組みを発展させる必要が，狩猟採集の時代にはなかったということである。他の生物と同じように，ヒトも自分たちの子孫をふやすことに熱心で，それは自分が属する集団の規模を拡大したいという欲求にもつながっていたが，狩猟採集の時代には集団の規模にかなりの制約があり，大きくなりすぎたバンドは，それを支えるための支配の仕組みをつくりだすよりも，複数のバンドに別れて，それぞれ別々に暮らすという選択をせざるをえなかった。

　しかし，第2章他で述べたように今から1万年ほど前，植物の栽培化と動物の家畜化（飼育化）が始まると，状況は大きく変化した。自然から受け取るだけではなく，自然に働きかけ，より多くの恵みを安定して得ようとする農耕牧畜は，土地や水を資源として支配しようとし，さらに自然への働きかけに必要な人力も，労働力という名の資源と位置づけるようになった。ここから，ヒトはより大規模でより複雑に構造化された社会の形成へと一歩を踏み出し，その社会を維持するための支配の仕組みを整えていった。

　だからといってバンドから一足飛びに国家が生まれたわけではない。バンドという規模の小さい集団内部の繋がりの中で生きていたヒトは，バンドとバンドを繋いでより大きな集団をつくりだしていく方法を模索しなくてはならなかった。もちろん，急に革新的な方法を思いつくわ

けはなく，バンドの内部でも大切にされていた関係，すなわち親子という血の繋がりに基づく関係と，夫婦という血の繋がりのない者の結びつきの関係（第8章第2節参照）が，まずは新しい時代に適応するために応用されることとなった。

　20世紀前半にアフリカの伝統的な社会を研究していた英国の人類学者たちは，王や政府をもたないのに，秩序が保たれている社会があることを不思議に思っていた。というのも，王や政府をもたない状況では，ヒトはたがいに争うのが当たり前であり，そうした「万人の万人に対する闘争」を防ぐためには，自分たちが本来もっている，暴力をふるう権利を国家に預けるしかないといった理解が一般的だったからである。

　王や政府をもたない社会になぜ秩序があるのかを研究する中で，人類学者たちが注目したのは，単系出自という原則だった。第8章第2節で学んだように，出自という考え方の中でも，単系出自は今生きている人間の間の関係を，だれが祖先であるかという観点からきわめてわかりやすく整理してくれる。単純化していえば，バンドの子孫がふえて，たくさんのバンドに別れた後も，かつては一つのバンドであったという記憶に頼って，人々は複数のバンドに属するようになった自分たちを，より大きな一個の集団の部分であると認識するようになったのである。このようにしてつくり上げられた大きな集団を「部族」という。

　他方，出自によるのとは別に，縁組によって集団が関係を結ぶ方法も考え出された。縁組とは集団と集団の間で組織的に婚姻関係を取り結ぶことである。

　ヒトは，家族という小集団を維持するのに，家族の外から妻を迎えるという方法を古くから採用してきた。集団間を移動するのが，たいていの場合に女性であるのは，女性が生む性であり，彼女たちと彼女たちから生まれるであろう未来の子どもたちこそが，集団が存続し拡大してい

写真 12 − 1　ベドウィンの顔役たち
（1990 年筆者撮影，エジプト西部砂漠）

くのに重要な資源であって，男性にそれほどの価値はないからである。女性を他の集団に与えるのは最大の好意の表現であり，それに対する見返りに女性を受け取る以上のことはないのが基本となる。

　オセアニアや東南アジアの一部の人々はこれをさらに進め，部族内部での小集団間の関係を整えるのに，世代を超えて女性を体系的に交換するという方法を発展させた。二つの集団間でたがいに女性を与えあう場合もあるが，ある集団から女性をもらい，他の集団に女性を与えることで多くの集団が関係をもち，全体として交換のネットワークを形成する方式も編み出された。女性の交換には様々な財物の交換や奉仕の授受などがともない，人々は婚姻の積み重ねを通して集団間の関係を深めていった。

　要するに，ヒトは狩猟採集の時代からもっていた基本単位である家族を支える，親子と夫婦という二つの関係のあり方を論理的に拡張することで，部族のような大きな組織を形成するのに成功したのである。

　この段階ではまだ特定の個人や集団が他に優越し，支配するという構図は見られない。単系出自に基づいて構成された部族では，個人や小集団の間の対等性や自律性が強調されることが多い。アラブ系の遊牧民で

あるベドウィンの間で語られる「私の主人はただ2人，それは神と私自身」ということわざは，これをよく表している。他方，縁組による結びつきでは妻を与えてくれる集団が，妻を受け取る集団に優越することが多いが，どの集団にも妻をもらう先と与える先がいるため，全体としての部族の中で特定の集団が突出して優越することにはならない。

2. 有力者から支配者へ，部族から首長制と国家へ

　バンドや部族には様々な作業を一時的に指揮する者はいても，決まった支配者は存在しない。ベドウィンが牧草地から別の牧草地へと移動するときには，男たちが集まって会合を開くが，その際には優れた経験と知識をもつ男たちの意見がより大きな影響力をもつことはあっても，それが強制力をもつことはなく，多数を味方に付ける工夫が常に求められる。決定に承服できない者は別の群れへと移っていってしまうことも多く，指導的な役割を果たす者たちは，バンドや部族の顔役といえるような存在ではあっても，その力は説得によって発揮されるものに留まり，彼らはまだ支配者とよべるような立場にはいない。

　そうした限界を超えて支配権力が機能するには，何らかの制度的保証が必要となる。この条件を満たし，特定の小集団が優越し，その小集団を代表する個人が，首長として大集団の全体を束ねるような組織形態を「首長制」とよぶ。一般的には，土地であれ水であれ人であれ，より効率的で大規模な資源の動員と分配をヒトが求め，それが可能となる仕組みとして首長制は成立したと考えられる。

　ポリネシア（太平洋東半部）の首長制では，首長家が，始祖とされる人物からの直系の子孫であることが強調される。だが実際には，出自だけで特定の首長家が優越するようになることはほとんどなかった。たい

ていの場合には，小集団が他の小集団を統御することに利益を見出し，同盟や対立をはらむ競争が行われた結果，何らかの時点で首長位が社会的に受け入れられるに至った。そのとき，説得は支配に切り替わったのである。このような競争が生じる前提条件として，余剰生産物が生じていることが重要であり，とりわけ長期にわたって保存の可能な穀物などの生産力の上昇は首長制の成立と発展に大きな意味をもっていた。

　首長位の成立がもたらした大きな変化に，社会内に階層が生じたことがある。最も単純な階層化としては，首長家とその他平民という区分があるが，ポリネシアのハワイやメラネシア（太平洋南西部）のフィジーなどでは，全体を束ねる首長の下に中間段階の下位首長がいる，より多層的な階層制も発達した。首長たちの階層は，社会全体の余剰生産物を利用することで，直接の生産活動から解放され，祭祀を含んだ政治，すなわち「まつりごと」という新しい生業を見出すこととなった。これ以外にも，鍛冶など特殊技能が専門化し，これに特化した小集団が成立することもあり，これによって首長制をとる社会を構成する単位は，それまでのように均質ではなくなり，それぞれの役割にしたがって相互依存を深めるようになっていった。

　また，首長制では，首長という焦点が存在することによって，財物の交換がさらに体系化される。小集団の生産物の一部を首長が集め，これを他の小集団に分配すること（再分配経済）がしばしば行われた（第11章第2節参照）。また，旧大陸の草原や農耕地帯を移動するチュルク（トルコ）系，イラン系，モンゴル系などの遊牧民の集団では，首長が各小集団の移動経路を調整する役割を担ったことが知られている。これらにより，より広大な土地とより多くの人々が，特定の個人ないし小集団の意志の下に統御されるようになり，日常の生活を超えた大集団が実体性を獲得するようになった。

集団への帰属が首長との関係によって規定されうるものとなったことにより，異質な集団がそのままに，より大きな集団に組み込まれ，構成単位が多様化することも見られる。イランの遊牧民バッセーリーについて1950年代に行われた調査（Barth 1964）によれば，バッセーリーの大半は首長と出自上の関係をたどることができ，ペルシア語を母語としていたが，なかには後からバッセーリーに加わったとされ，首長家との出自上の関係を欠くイラン系の人々，さらにはアラビア語やトルコ語を母語とする人々もいたという。

　首長制の次の段階とされるのが「国家」である。社会の統御をより実質化する機関としての政府の成立，支配の拠点としての都市の形成，職能の細分化と階層の多元化による構成員の多様化など，様々なことがらが首長制と国家を分かつ特徴として挙げられる。

　ただし，これらの諸特徴のいくつかは，すでに述べたように首長制の名でよばれてきた社会にもその萌芽を見て取ることができ，首長制と国家の間に絶対的な差異はないという考え方もある。大規模な集団の指導者が王とよばれるか首長とよばれるかは，個々の研究者や特定地域の研究伝統に左右される場合も多い。むしろ注目すべきは，狩猟採集の時代から保たれてきた親子関係と婚姻関係という論理の拡張から離れて，それ以外の多種多様な集団形成と構造化，統御の方法が試みられ，国家ではそれがいっそう確実に制度として機能するようになったという点である（第8章第3節参照）。

　人類学者の中には，バンドから部族，首長制を経て国家へという支配の仕組みの発展について，バンドが狩猟採集の時代の社会形態であるのに対して，部族は最初期の農耕，首長制は牧畜，国家は大規模な農耕と結びつくと考える者がいる。この説の当否にはかなり議論の余地があるが，農耕牧畜の開始から，土地，水，人という資源の統御，そして生産，

流通，消費への介入と管理を通して，支配の仕組みが人類史の中で発達したという大枠での理解は誤ってはいない。メソポタミアの場合，この変化の過程にはおよそ4000年の月日を要し，最初の都市国家は今から5000年ほど前に成立した。

3. 支配の正当性

　すでに述べたように，平等主義的な社会でも特定の個人が人々の意志決定に大きな影響力をおよぼす例は数多く報告されている。そうした人物の権力については，メラネシアで人類学者たちがビッグマンとよんできた人々の研究がよく知られている。ビッグマンは様々な能力に傑出した人物であり，その能力でもって支持者たちに庇護を与える。同時にそれら支持者たちから余剰生産物を集め，他の人々に分け与えることでさらに支持者をふやし，集団での影響力をましていく。だが，ビッグマンの影響力は，支持者をふやそうとするほどさらに多くの負担をそれまでの支持者に求めざるをえないために，いつかは離反を招き，必然的に破綻する。庇護の対価として支持を求める方法は，ヒトの社会に広く見ることができるが，画期的な生産力の上昇や外部からの収奪をともなわない状況では，庇護と支持の均衡点を超えて影響力を拡大することができないという限界を抱えている。

　そうした限界は，首長たちや王たちにとっても免れることのできない面をもっている。彼らは自分たちの地位を制度化することによって，ベドウィンの顔役やメラネシアのビッグマンよりはるかに安定した支配の仕組みを築いてはいるが，潜在的にはその地位を追われたり，仕組み自体が崩壊したりする可能性はいつもあり，そのために人々が（仕方なくであっても）その支配を受け入れてくれるよう配慮しなくてはならない。

他者に意志を強制する最も直截な力である暴力にしても，個人の発揮しうる暴力には限りがあり，自分を支持して暴力に加担してくれる者をふやしていけば、それらの人々を暴力で縛ることはできないことになり，暴力のみに依拠して安定した支配を確立することは難しい。

　部族でも首長制でも王制でも，最も信頼のおける軍事力の源泉は，生活の多くをともにする小集団である。首長や王がこれ以上の軍事力を欲するならば，それに必要な人材を動員するのに，暴力とは別の方法が必要になる。7世紀のアラブや13世紀のモンゴルのように，遊牧民はときとして爆発的な征服運動に乗り出すことがあるが（第5章第4節第1項参照），運動は常に，征服域が拡大し，戦利品が新たにもたらされ続ける間は機能し，これが停滞すると軍事力維持の論理の急速な転換が必要となり，また軍事力以外の要素による支配正当性の確立が急務となる。

　軍事力以外に支配を正当化する要素としては，経済面で支配者が効果的な役割を果たすことが重要である。旧大陸の草原地帯に暮らす遊牧民の首長が，人々の移動経路を調整していたことはすでに述べた。またナイル，ティグリス，ユーフラテス，インダス，黄河，長江など，大河川の流域に育まれた古代の諸文明について，大規模な灌漑の統御が農業生産に必要とされ，そのために強大な支配権力が生まれたという説があるが（第6章第3節参照），これも支配者の資源統御の役割に注目したものである。実際には，王が支配域の全域にわたって細やかな灌漑管理を行ったかにはかなりの疑問があるが，支配が単に収奪に終わらず，資源の統御による余剰生産の拡大が人々に還元される限りにおいて，安定して機能しうる点は否めない。

　暴力と経済というきわめて実際的な要素とは別に，人類学者は，支配者がその地位を正当化し，人々に容認させる論理の問題に注目してきた。
　ポリネシアの首長制に見たように，支配が血統によって正当化される

というのはきわめて一般的な考え方である。王統の一貫性は今日の君主国においてもしばしば強調されるところであり，日本でも皇統を指して「万世一系」と表現するのは特に戦前にはよく見られた。

　また，部族がかつて一つのバンドであったと認識されるように，首長制や国家の下にまとめられた集団にあっても，それが巨大な一族と捉えられることも多い。そこでは首長や王たちは人々にとって親として位置づけられることで，支配の正当性が担保される。「建国の父」や「国父」といった表現は珍しくなく，戦前には日本国民を天皇の臣民と位置づけるに留まらず，「陛下の赤子」と表現することが一般的であった。私たちが「教皇」や「法王」と訳しているローマ教会のパーパも，本来ギリシア語の「父」（パパス）に由来している。

　さらには，首長や王が超自然的に支配を承認されている，もしくは神的存在そのものの化身や受肉であるといった論理もしばしば見られる。前者については，古くはメソポタミア諸国家における神の代理人としての王から，新しくはヨーロッパにおける絶対王政期の王権神授説を思い浮かべることができるし，後者については古代エジプトのファラオが「生けるオシリス」とよばれたことや，日本でも万葉集などにすでに，天皇を「現つ神」と表現する例が見られる。

　「劇場国家」の概念もまたこれに連なる。19世紀バリを例にとって，東南アジアに広く見られる伝統国家ヌガラの統治機構を論ずるに際して，アメリカの人類学者ギアーツ（1990）は，ヒンドゥー教の神々の世界を王たちが体現し，人々が生活のあるべき姿をそこに見て，それにしたがうことで国家が機能すると論じた。王と諸侯が興行主，僧侶が脚本家で，民衆が脇役で観客というギアーツの位置づけは，権謀術数を本質とするヨーロッパ的政治理解を相対化するために提起された。実際には，バリの王たちもしばしば権謀術数に血道を上げ，厳しい税を人々に課し

てはいるのだが，首長や王が神々の世界を目に見えるかたちで体現し，それを範として人々が秩序を保つという「模範的中心」の理論は，人類学の政治理論に対する大きな貢献となった。

　首長位や王位の超自然的正当性の確保にはさらに，首長や王が彼らを戴く制度そのものと一体であると考える例もある。この事例は19世紀の英国人類学の古典『金枝篇』（フレイザー 2003）の中ですでに探求されている。なかでもよく知られているのは，南スーダンのシルック王国の事例である。15世紀に成立し，今なお形式的には存続するシルック王国の神聖王はレスとよばれ，レスは初代王ニイカングの子孫であると同時に，ニイカングの霊を宿す依り代でもある。レスの壮健は王国の安定と直結しているとみなされ，王が病に倒れたり老いて弱ったりすることは国家の存亡の危機を招き，その場合には「王殺し」が行われ，王の息子などが新たな初代王の依り代として即位する。

　以上の議論からは，ヒトが発達させてきた支配の仕組みが，単に自己や自己の所属する小集団の利益を増進するために，他者や他の小集団に

写真12－2　バリの葬礼
（1993年筆者撮影。観光資源となっている伝統舞踊などとともに、葬礼は神々の世界を再現する主要な儀礼となっている。）

その意志を強要するというには留まらない営みであることが明らかとなる。支配は自他を含むより大きな集団の存続に有効であり，また支配される側の許容と了承を得られるよう自らを規制しつつ機能する行為である。支配される側もまた支配を厭わしいと捉えるとは限らず，むしろ支配されることに喜びを見出すこともしばしばある。いうまでもなく，支配は必ずといってよいほどいつかは破綻し，支配への欲望と支配への抵抗は常にせめぎ合うという点で，支配は動的な関係であり，そのこと自体が支配という行為の双方向性の表れでもある。

4．支配の仕組みの複雑化と多元化

　この章では，歴史的な流れに沿って，バンドから部族，首長制，国家へと支配の仕組みが複雑化していく過程を追ってきた。

　だがここで誤解がないように言い添えておかなくてはならないのは，新しくより複雑な支配の仕組みが出現したからといって，それ以前の仕組みが時代遅れの不要なものになったわけではないという点である。バンドから部族，首長制を経て国家へという過程が，「進化論」の名の下にしばしば議論されてきたために，部族が出現すればバンドは消滅し，首長制が機能するようになれば支配者のない部族は衰退していったかのように，ともすると考えられがちだった。特に国家の出現は，それ以前の社会形態を地球上から一掃すると捉えられることが多いが，これは思い込みといわなくてはならない。

　最新の研究では，狩猟採集を行ってきた人々がその生業形式を捨て去って国家へと組み込まれていく多数の例がある一方で，なかには狩猟採集の暮らしに留まり続けるという選択をする人々もおり，その場合には競争や対立を知らないというよりも，知った上で，より積極的に競争

や対立を避けるための努力が払われることが報告されている（第4章第2節第4項参照）。首長制を備えた集団についても，フランスの人類学者クラストルは，その著書『国家に抗する社会』（1987）で，南米のグラヤキやグアラニの人々が，国家について充分な理解を有しながら，積極的に支配の機構の出現を阻止しようとしている様子を描き出している。これらは，バンドや部族，あるいは素朴な首長制の下に生きる人々がときとして国家の支配を要さない，もしくは過剰な支配として忌避するという生き方があることを示している。

　この点では，中東の王朝がいかにして機能したかについて，中東を専門とする歴史学者と人類学者が行った議論も興味深い。その議論によれば，少なくとも前近代の中東において，灌漑農業を基盤とする強大な国家は，その周辺部に自律的な部族が暮らすことや，農耕地帯を移動する遊牧民たちの首長制が半自律的に機能することを許容し，それらと積極的に共存を図ることで十全に機能しえたという。これはすなわち，部族には部族に，首長制には首長制に，国家には国家に適した政治状況があって，しかもそれらが複合することでより有効に機能することも可能であるという指摘である。

　つまり，新しい支配の仕組みの出現は，新しい状況の出現に対応したものであり，それはヒトがつくる社会の新しい可能性がふえたことであって，仕組みが交代したのではなく，多様になったと考えるのが適切なのである。そして，こうした議論からは，近代国家が，その領域性や成員の一様性を特徴とする点で，むしろ特殊であるという，次章で検討することになる論点が導かれる。

引用文献

ギアーツ, C., 小泉潤二訳『ヌガラ—19世紀バリの劇場国家』(みすず書房 1990年)
クラストル, P. 渡辺公三訳『国家に抗する社会—政治人類学研究』(書肆風の薔薇 1987年)
フレイザー, J. G., 吉川信訳『初版 金枝篇』上下 (筑摩書房 2003年)
Barth, F., *Nomads of South Persia: The Basseri Tribe of the Khamseh Confederacy* (London: Allen & Unwin, 1964)

もっと学びたい人のために

エヴァンズ=プリチャード, E. E., 向井元子訳『ヌアー族—ナイル系一民族の生業形態と政治制度の調査記録』(平凡社 1997年)
サーヴィス, E. R., 松園万亀雄訳『未開の社会組織—進化論的考察』(弘文堂 1979年)
フォーテス, エヴァンス=プリッチャード編, 大森元吉他訳『アフリカの伝統的政治体系』(みすず書房 1972年)
ホカート, A. M., 橋本和也訳『王権』(岩波書店 2012年)
リーチ, E. R., 関本照夫訳『高地ビルマの政治体系』(弘文堂 1995年)

学習のヒント

1. 集団の有力者であることと支配者であることには、どんな違いがあるのだろうか。
2. 支配が、支配する側からされる側への一方的な力の働きではないといえるのはなぜだろうか。

13 | 近代世界の成立と国民国家の形成

赤堀　雅幸

《目標&ポイント》 日本人が一つの民族であるという説明を，私たちはともすると当たり前のように受け入れてしまう。だが，一国の国民が一個の民族であるという考え方が主流になったのは，19世紀から20世紀にかけて全地球的な政治経済秩序が確立されてからのことにすぎない。本章は，近代化の過程について，ナショナリズムとよばれる考え方の広まりを中心に扱う。その際，近代がもたらした状況の特殊性や，ナショナリズムがはらむ矛盾，そして近代化に対する人々の多様な対応のあり方にも触れる
《キーワード》 近代，ナショナリズム，国民国家，帝国，周縁，世界システム

1. 古代，中世から近代へ

　私たちはヒトの歴史のおおまかな区分としては「近代」という時代に生きている。数百年の時を経て形成され，私たち自身が生きている現代を含む，この「近代」という時代がどのようにして成り立ったのかが本章の主題である。ただし，過去50年ほどの間に，近代性をめぐって新たな動きが出てきているのは事実で，それを「後期近代（レイトモダン）」「脱近代（ポストモダン）」，あるいは「グローバル」などとよぶことがあるが，これらについては次章に譲る。
　一般に，ヒトの「歴史」は「古代」，「中世」，「近代」に区分される。ここでいう「歴史」とは歴史学の対象となる時代，つまり主として文字史料に基づく研究が可能な期間を指している。実際にはヒトが生きてきた期間の大半は，文字がなかったために歴史学の射程の外にある。その

意味では現生人類が歩んできた20万年におよぶ時間のうち，1万年におよばない「歴史」の期間のうちのさらに600年ほどが「近代」とよばれるにすぎない。

　だが，人類史はあたかも加速するかのように展開しており，近代がヒトの生き方にもたらした変化は大きい。

　元々は，古代，中世，近代という時代区分はヨーロッパ史を論じるための枠組みであり，これを応用する形で，他の地域や国の歴史にも適用されてきた。時代の区切りをどこに置くかには諸説あるが，ヨーロッパ史であれば，古代は西ローマ帝国が滅亡した5世紀末まで，中世はおおむねビザンツ帝国（東ローマ帝国）が崩壊した15世紀くらいまでを指す。日本史についていえば，古代は12世紀の平安末期で終わり，近代は19世紀の明治維新をもって始まるとすることが多い。

　同じ時代区分ではあっても，古代と中世に対して，近代には著しく異なる特徴がある。それは，古代と中世はそれぞれの地域で別個に展開するのに対して，近代については，世界の全体がヨーロッパに発した一つの「近代」に巻き込まれていく過程として論じなくてはならないという点である。いうまでもなく，前近代にも地域を超えた人や文物の行き来はあった。だが，近代における世界の結びつきは圧倒的に密で速やかである。その意味で近代とは，拡張し世界を巻き込んでいくことを特徴とし，人類が経験する初めての全地球的な歴史の時代である。

　論理的にいえば，近代にはヨーロッパ近代しかないとは限らない。ヨーロッパ発の近代に巻き込まれなければ，それぞれの地域が独自の近代化を達成したかもしれないとする説は根強い。日本史では，江戸時代（戦国時代を含めることもある）を「近世」と称するが，「近世」は英語では「初期近代（アーリーモダン）」と訳され，そこには江戸期が独自の近代の形成へと向かっていたという意味が含まれている。たとえば，経

済史から出発して文明論を論じる川勝（2016）は，鎖国という状況下での日本の近代化が，多くの人手をかけて，きわめて繊細な工芸品を作ったり，少量ではあっても地域ごとに特徴のある農作物を生みだしたりといった，内的な洗練を志向したことが，明治時代以降も日本の特質となったと論じている。だが，そのようにして芽生えつつあった独自の近代の可能性は，押し寄せるヨーロッパ近代と遭遇することによって，実ることはなかった。

　結果としてヨーロッパ近代が世界を席巻したために，近代の体験は，ヨーロッパとそれ以外の地域ではかなり異なることとなった。

　ヨーロッパ近代の幕開けを学芸の分野で告げるルネサンスは14世紀のイタリアに始まる。これに続き，航海技術の革新であり，ヨーロッパ人の活動域の急速な拡大を招いた大航海時代が15世紀に，宗教の近代化というべき宗教改革が16世紀に起きた。さらに，経済面での産業革命と資本主義，政治面でのナショナリズムと植民地主義（帝国主義）が18世紀に興り，19世紀をもってヨーロッパ近代はいったんの完成をみる。このうち，18世紀くらいまでがヨーロッパ史では近世（初期近代）と位置づけられるが，大きな区切りとしては，ヨーロッパは500年ほどをかけて近代化を達成したことになる。

　これに対し，ヨーロッパ以外の地域は18世紀ないし19世紀にヨーロッパ近代に遭遇し，これを受容し消化することを強いられた。それらの地域に暮らしていた人々にとって，近代とは唐突に外から与えられたものであり，それを受け入れるのに与えられた時間の猶予は短かった。彼らはヨーロッパの人々よりも強く時代の断絶を感じながら，希望と不安と焦りの中で，新しい時代に立ち会うことになったのである。

2. イノベーションの時代

　第1章第2節で見たように，近代人が消費する1人当たりのエネルギーは前近代に比べてかなり大きい。しかも人口は増え続け，その増え方は近代化と歩調を合わせている。これまでの研究によれば，この2000年ほどの世界人口は11世紀からゆるやかな増加とときおりの減少を経験し，15世紀以降増加率を高め，18世紀にさらに加速した（Hayashi 2007：24）。ヒトの数がふえ，その一人一人がより多くのエネルギーを使い，近代は圧倒的に莫大なエネルギーを消費する時代となった。

　エネルギーの大量消費が可能になった前提には，数々の技術革新（イノベーション）がある。産業革命に始まる技術革新によって，新たな諸々の産業が興って資本主義が発達し，ヒトの経済活動はより多くの資源とより広大な市場を求めて外へ外へと拡大し，やがて世界の全域におよんでいった。同時に，世界大に展開した経済システムをまがりなりにも運用するために，交通通信（コミュニケーション）の発達，家族から国家にまで至る様々な組織の変容，さらに合理主義や効率性の追求といった，人間観，社会観，世界観を含むヒトの意識の変化も求められた。本来の意味でのイノベーションには，技術に限らず組織や方法の革新も含まれ，その意味で近代とはヒトの生存の様々な面での革新が連動していったイノベーションの時代とよぶことができる。これに比肩しうるのは，農耕牧畜の開始がヒトの暮らしにもたらした変化であろうが（第2章参照），その変化は近代に比べればゆっくりと，また限られた地域で個別に進んでいった。

　ただし，近代をそれ以前とは切り離された新しい時代だと強調するばかりでは公平を欠く。そもそも自分の子孫をより多く残そうとする生物一般の特性は，社会的動物であるヒトにとっては自分の群れをより大き

くすることに通じている。前章で見たように，農耕牧畜の開始以降には，ヒトは自分の群れだけではなく多くの群れを結んで，より大きな集団をつくりだし，それを統御する方法を構築してきた。全地球的な政治経済秩序の確立へ向かった近代の動きも，長い歴史の中で，より広く繋がりを求め，土地や水，人といった資源をより大規模かつ効率的に動員する努力を重ねてきたヒトがたどりついた一つの帰結だということもできる。

同時にそこには，ヒトがはるか昔から抱えているある種の不釣り合いもみてとれる。ヒトは数万年にわたって生物学的には大きくは変化してこなかった（第3章参照）。私たちは小さな体のまま，身体の延長である道具（技術）を発達させ，より大きなエネルギーを操り，より多くの人々と繋がり，より広大な世界と関わるようになっていった。ヒトの生身の身体と，ヒトが相対する世界の大きさとの不釣り合いは，次第に拡大しながら今日に至っている。

3. ナショナリズムの広まり

近代がヒトにとって初めての地球大の歴史の経験であるとすれば，近代こそまさに「グローバル」な時代とよぶことができる。だが，私たちは21世紀になるまで「グローバル」という言葉をさほど使ってこなかった。それは，「国際」という言葉の方が「グローバル」よりも近代世界のありようを，うまく言い表していたからである。

「国際」と「グローバル」という言葉にはたいした違いはないと思われがちだが，両者にははっきりと異なる点がある。「国際」はインターナショナルの訳語であり，「インター」は「何かの間」を指しているから，インターナショナルとはネイションとネイションの間の関係を指す。ネ

イションが単位となり，それらの間に成立する関係が「国際」なのである。これに対して「グローバル」は「グローブ（球体＝地球）」からきており，そこに世界を構成する特定の単位は指定されていない。21 世紀になって，ネイションだけが世界を構成する特別な単位ではなくなったと考えて，私たちは「国際」の替わりに「グローバル」という言葉を使い始めた。

では，「国際」というときの「ネイション」とは何だろうか。「国際」という単語から私たちはネイションとは「国家」のことだと考えることが多い。だが，ネイションはラテン語の「生まれ」を語源としており，何らかの意味で生まれを共にする人々の集団を指すのが本来である。ネイションは「国民」を指し，国民が形成している政治的共同体という意味で，「国家」とも訳せるようになったのである。

だが，ネイションは「民族」と訳されることも多い。だからといって，ネイションに「国民」と「民族」という二つの意味があるわけではない。ネイションという単語の中で「国民」と「民族」とは同じものとみなされている。つまり，一個の「民族」が一個の「国民」として一個の「国家」を形成するという考え方が，近代におけるネイションという言葉の使い方の根底にあり，その考え方が「ナショナリズム」である。

ナショナリズムの起源は，17 世紀英国の清教徒革命あるいは 18 世紀のフランス革命に求められることが多い。簡潔にいえば，前者において国家の統治下にある国民という考え方が広まり，後者において国民が国家を構成する積極的な主体になったと整理できるだろう。だが，本章で論じる民族と国民が重なり合うナショナリズムの成立については，19 世紀半ばのイタリア統一（1861 年）やドイツ統一（1871 年）などに注目する方がわかりやすい。これら二つの例が英国やフランスと異なるのは，一個の国家があって，そこに暮らす人々が一個の国民とみなされた

わけではなく，複数の国家に別れて暮らしていた人々が，一個の民族であるという主張の下に，明確な領土と主権を有する一個の国家を構想し，それによって一個の国民たらんとしたという点である。このような原則に従って成立した国家を「国民国家（ネイション・ステイト）」とよぶ。

　この考え方は，第一次世界大戦後には「民族自決」の名の下に北欧と東欧，南欧に新たな国家をいくつも生み出し，さらに第二次世界大戦後には国際連合憲章にも謳われ，アジア，アフリカに多くの独立国家が成立して，ナショナリズムは国際社会の原則となった。「国際連合（ユナイティッド・ネイションズ）」という名称自体が，世界が諸国民（＝諸民族）の連合として成り立っているという理解を示しているように，近代の世界とは国民国家を単位とする秩序であると規定されたのである。

　民族自決の原則が，植民地からの解放を進める強力な論理となったのは事実である。だが同時に，ナショナリズムの広まりが，いつも植民地主義と対抗する運動であったとは言い切れない。そもそも，国民国家の形成に成功したイタリアもドイツも（そして日本も）やがて植民地獲得競争に乗り出していき，多種多様な民族を支配下に置く「帝国」たらんとした。そこではナショナリズムと植民地主義はなんら矛盾したものとは考えられなかった。1830年にギリシャはオスマン朝から独立し，その独立運動にはヨーロッパから多くの義勇兵が善意をもって参戦したが，独立戦争に介入した英仏露の政府にとってみれば，ギリシャの独立はオスマン朝という前近代の帝国を弱体化する絶好の機会でもあった。

　ナショナリズムの主張によって，植民地化された多くの地域が独立を達成したことについて，もう一つ注目すべき点がある。それは，植民地支配を受ける以前にそれぞれの地域に存在していた国家は国民国家ではなかったのに，植民地から独立した国家は必ずといってよいほど国民国家の体裁をとったということである。植民地化という政治的支配からは

自由になることはできても，ヨーロッパ近代が課した「国民国家」の枠組みから逃れることはできず，私たちは否応なく世界を構成する国民国家のいずれかの一員として生きることになったのである。

4. 国民統合

　近代にとって，国民国家が機能的な仕組みであったことに間違いはない。同じ国民（＝民族）からなるために，国民国家は政治経済活動の単位としてきわめて高い効率性を発揮した。国民の側からみても，いくばくかの義務と引き替えに数多くの権利を保障され，近代が約束した豊かさの恩恵に浴することはたいていの場合に喜ばしいことだった。

　それでも，私たちは国民国家が私たちに課した枷というべきものを見過ごしてはならない。

　まず，一民族が一国家をなすことは現実にはほとんどないという事実がある。現在でも，たいていの国家が国内に少数民族や移民の集団を抱えている。そもそも，ヨーロッパ近代の先駆けともいえる英国が，正式名称を「グレートブリテン及び北アイルランド連合王国」としているように，複数の民族からなる連邦国家はまれではない。国民の大半が移民の子孫である米国では，米国人であるナショナリティ（国民性）とは別に，日系やヒスパニックといった帰属をエスニシティ（国民性から切り離された民族性）と位置づけざるをえない。アラブ諸国の場合には，アラブというエスニシティは，個々の国民国家のナショナリティを横断して存在する。

　そもそも「民族」が何をもって一個の集団であるのかもあいまいである。多くの民族が，その起源をはるかな過去に求めるが，それは一個の民族たらんとする意志を過去に投影して正当化しているにすぎない場合

がしばしばである。

　米国の政治学者アンダーソンの著作『想像の共同体』(2007) は，多数の民族からなるインドネシアが国民国家を形成する過程を詳細に論じた。彼は，国民一人一人が自分をインドネシアという国家の一員であると実感することで初めて国民国家が成立したと述べている。そこでは，アンダーソンが強調した印刷産業の発達の他，近代になって初めて実現する識字の一般化と学校教育の普及が，国家への帰属を実感させるのに大きな役割を果たした。

　もちろん，民族がまったく実体のない幻想だというわけではないが，現実には，民族は自ら名乗り，他から名付けられるというせめぎ合いの中で歴史的に構築されていく（内堀 1989）。国民国家もまた，ナショナリズムの枠組みの中で自民族と他民族を対比させつつ，歴史的な運動を経てそれぞれに成立していった。

　結果として，ほとんどの場合，国民国家は，国民が共通の国民意識をもつよう「国民統合」に力を入れなくてはならない。国内の一部で使われていた言葉を元に「国語」を作り出すというのは最も基本的な手法であり，国家の歴史をいかに語るかにも国民国家は腐心する。そして，そ

写真 13 − 1　循化撒拉族自治県人民政府正門
（チュルク系の独自言語を有し，多くがムスリムである「撒拉（サラール）」は，中国公認少数民族の一つであり，青海省海東市に自治県がある。2009 年筆者撮影。）

れらを国民に浸透させる強力な道具として学校教育が利用される。

　国家の中には，少数民族がいることを頑として認めない国もある。移民を受け入れるのか，受け入れたとしてどの程度まで同化を迫るのかも，多くの国家にとって悩ましい問題である。北米先住民に与えられた居留地のように，同化を迫ることなく，先住民を隔離する方法もとられた。集団の成員でない者を排除し，集団の成員に均質性を要求するのは，程度の差はあれヒトの集団に普遍的な傾向であるが，国民国家では，それがとてつもない息苦しさを覚えるほどに徹底されることがある。

　国民国家に潜む均質化の論理に抵抗を覚える人々との間には，様々な対立と妥協がなされてきた。国家を構成する一部の民族が独自の国家の形成を希求し，内戦が起きたり，国家の分裂にいたったりすることもある。21世紀になって新たに国際連合に加盟したスイス，東ティモール，セルビア，モンテネグロ，南スーダンは，スイスを除いていずれも武力紛争を経験し，国家を分割して独立を達成した。中国で自治区，自治州，自治県，自治郷などの単位が，公認された少数民族に限ってではあるが認められているように，国家への帰属を受け入れながら，一定の領域への自治権などを獲得するという妥協もしばしば見られる。

　国民国家は今のところ，全地球的な政治経済秩序にとって最も機能的で効率的な単位であるが，同時に，文字通りの国民国家が達成できた試しはない。ナショナリズムとは国民国家を樹立しようとする政治運動であるという以上に，国民国家を標榜する国家がそれを実質化しようとする運動でもあると理解しなくてはならない。

5. ヨーロッパ近代の受容，克服，限界

　ヨーロッパ以外の地域の人々が，それまで育んできた自分たちの文化（伝統）をどのように扱うかも，国民国家を形成し近代化を推し進めるときにきわめて重要な問題となる。

　明治時代の日本でも，日本を文明国として欧米諸国に認めさせようと「欧化政策」が採用されたことがある一方，精神面の伝統を活かしつつ西洋の学問や技術を取り入れるべきとして「和魂洋才」といった表現がなされた。同じ時期に，エジプトでも日本とよく似た近代化政策が推し進められたが，知識人たちはどのようにしてエジプトを近代化するのか，特にイスラームという信仰が近代化に必要であるのか，それとも障害であるのかについて激しい議論を交わしている。ちなみに，着々と近代化を進め，ついに日露戦争でヨーロッパ列強の一国にまがりなりにも勝利した日本について，当時のエジプト人は高い関心を払い，同じ時期に近代化に着手した両国に大きな差異が生まれた原因は，日本が自国の伝統を大切にしたからであるとの論調がしばしば見られるのは興味深い。

　ヨーロッパ近代に遭遇して，近代化そのものを拒否するような運動が社会の広範な支持を得たことは実際にはない。人々は植民地化の脅威とともにヨーロッパ近代に遭遇し，植民地支配に甘んじるのでなければ，近代を受容し消化するしかなかった。しかしそのとき，徹底して伝統文化を否定し捨て去って，近代化を目指す動きが有力となったこともまたほとんどない。たいていの国はヨーロッパ近代をモデルに，しかし，伝統の中に活かすべきものと除くべきものを見極め，独自の近代を確立しようとした。第二次世界大戦後には，多くの新興国が社会主義経済を導入したが，地域の伝統に由来してはいないものの，これも資本主義経済の替わりに，近代化の経験の浅い国々がより効率的に近代化を達成しよ

うとした選択であったといえる。ヨーロッパ近代は望むと望まざるとにかかわらず世界を近代化へと向かわせたが，同時にヨーロッパ近代を現地化する試みを世界中に生み出していったのである。

　その際，植民地化を経験した多くの国々では，19世紀来の植民地主義の残存といえる収奪の構造からどのように脱却するかが，大きな課題となった。パレスティナ出身で，米国で活躍した思想家サイードは『オリエンタリズム』(1993) をはじめとするその著作で，近代ヨーロッパが世界を西洋と東洋（オリエント）に二分し，東洋を文明化するという名目で，東洋と目された地域を西洋が支配することを正当化し，そのようにして埋め込まれた収奪の構造はなおも根強く残っていると指摘した。米国の社会学者ウォーラーステイン (2006) は，世界システムは常に中心，半周縁，周縁に構造化されており，とりわけ近代世界システムは，政治的統合を有さないために，政治的経済的不均衡が是正されにくいと述べている。この見方に従えば，構造化した収奪によって周縁化された状況に今なお苦しむ多くの人々が苦境を脱するには，全地球的な政治統合か，世界システム自体の再編が必要だということになる。

　近代は，過去に例を見ないほどヒトの活動域が拡大し，政治と経済が大規模に展開した時代である。だが，当初から近代が抱えていた問題に加え，時代を経るにつれあらわになってきた問題も数多く，1970年代になるとヨーロッパ近代の限界もささやかれるようになった。幸いなことに，世界はまだ驚くほどに多様であり，ヒトが長い歴史の中で培ってきた多様な文化や社会のありようこそが，今やヒトにとって大切な資源である。それを活かすことが，世界を近代のさらなる完成へと導くのか，あるいは近代を超克した新しい時代を切り拓くことにつながるのか，私たちが生きる「現代」の状況と課題については次章以降で見ていこう。

引用文献

アンダーソン，B. 白石隆・白石さや訳『定本　想像の共同体――ナショナリズムの起源と流行』（書籍工房早山 2007 年）
ウォーラースティン，I. 川北稔訳『近代世界システム――農業資本主義と「ヨーロッパ世界経済」の成立』2 巻（岩波書店 2006 年）
内堀基光「民族論メモランダム」田辺繁治編『人類学的認識の冒険』（同文舘出版 1989 年）
川勝平太『文明の海洋史観』（中央公論新社 2016 年）
サイード，E. W.，今沢紀子訳『オリエンタリズム』2 巻（平凡社 1993 年）
Hayashi Reiko, "Long Term World Population History: A Reconstruction from the Urban Evidence."『人口学研究』（41 号，23―49 頁，2007 年）

もっと学びたい人のために

木谷勤『帝国主義と世界の一体化』（山川出版社 1997 年）
ゲルナー，E. 加藤節訳『民族とナショナリズム』（岩波書店 2000 年）
谷川稔『国民国家とナショナリズム』（山川出版社 1999 年）
なだいなだ『民族という名の宗教――人をまとめる原理・排除する原理』（岩波書店 1992 年）
ホブズボーム，E. J. 浜林正夫他訳『ナショナリズムの歴史と現在』（大月書店 2001 年）

1. 古代と中世はいくつもあるが，近代は一つしかないと言われることがある。これは近代のどんな特徴を言い表しているのだろうか。
2. 国民国家はときとしてマイノリティ（少数派）を圧迫する。そうしたマイノリティとしては，少数民族や移民の他，どんな人々が考えられるだろうか。

14 | グローバリゼーションとローカル社会

深山　直子

《目標＆ポイント》　グローバリゼーションという現象を，近代以前と以降に分けて捉える。その上で，近代以降のグローバリゼーションに注目し，ローカル社会との間に見出せる均質化と異質化の力学について論じる。さらに，オセアニアの島嶼国ツバルを対象とした，ローカル社会に立脚した人類学的調査研究の事例から，グローバリゼーションの諸相を考える。
《キーワード》　グローバリゼーション，ローカル社会，近代，均質化と異質化，環境問題

1．グローバリゼーションとは何か

　私たちの生活には，「世界」がそこかしこに溢れている。たとえば，自宅の居間で中国でつくられた衣服を身にまとい，ベトナムで組み立てられたイスに腰掛けて，ケニヤで収穫されたコーヒーを飲んでいる。テレビからはトルコの事故やロシアの政治に関するニュースが流れており，手元にあるスマートフォンに目を落とせば，SNSでフォローする各国の友だちが発信したメッセージや写真が映し出されている。2010年代後半を生きる私たちにとってこういった日常は当たり前すぎて，それがグローバリゼーションの一端だとか，結果だとかいわれても，ピンとこない。
　グローバリゼーションは，1960年代初頭に初めて英語の辞書に登場した比較的新しい言葉である。地球あるいは球形を意味する「グローブ」に，動きを表す接尾辞が加えられてできた言葉だ。日本語では「グローバル化」あるいは「地球規模化」などと訳されることもある。その定義

は難しいが，ひとまずここではあらゆるヒト・もの・ことが村や町，地域や国家を越えて地球規模で移動すること，と捉えておこう。1980年代以降に，諸問題について地球を単位として捉えるべきだという指摘が頻繁になされるようになって，グローバリゼーションという概念は注目を集めるようになった。特に1990年代以降は，経済におけるグローバリゼーションが顕著となり，この言葉が各地で浸透していったと考えられる（伊豫谷 2002）。

2. 近代以前のグローバリゼーション

　以上のような言葉の経緯も関係して，私たちは一般的にグローバリゼーションというと，「最近」の現象と捉えがちだ。視点を変えるならば，従来ローカル社会——本章ではある場所にある村，町，地域，国家等をまとめてこうよぶことにする——はそれぞれ自律しており，ヒト・もの・ことはその内に留まっていたが，「最近」になってそれらが外に出たり，外から入ってきたりするようになった，というイメージが強いということになる。しかしながらこれは誤解であり，ヒト・もの・ことの地球規模の移動は，はるか昔からあったことに注意しなければならない。その名もグローバル・ヒストリーという分野では近年，そのことを裏付ける多様な研究が蓄積されつつある。

　例を挙げるならば，アメリカの社会学者アブー＝ルゴドは，13世紀にはヨーロッパから中国までを繋ぐ交易が発達していたことを指摘した。より具体的には，言語，宗教，帝国によって規定された重なりつつもずれる八つの地域的なサブシステムがあり，さらにそれらをまとめる三つの回路，すなわちヨーロッパ，中東，アジアが「13世紀世界システム」を構成していたと論じたのである（アブー＝ルゴド 2014）。他方，歴史

学者の家島彦一は海に目を向けてた。そして7世紀から8世紀にかけて，インド洋西海域世界，ベンガル湾海域世界，南シナ海海域世界から成る三層構造が統合されて「インド洋海域世界」が登場したことを，木造帆船のダウを用いた交易に注目しながら明らかにした（家島 1993）。

さらに遡れば，アフリカ大陸で誕生した人類が，数十万年かけてユーラシア，アジア，南北アメリカ，そしてオセアニアへ拡散していった事実もまた，ヒト，さらにはヒトによって運ばれたもの・ことの地球規模の移動と捉えられよう（第3章参照）。つまりヒトは「ホモ・モビリタス（移動する人間）」として，移動を繰り返しながら多様な環境に適応し多様な文化を育んできたわけである。こう考えてみると，広義のグローバリゼーションには，人類史と同じだけの長さがあると考えることは自然だろう。

3. 近代以降のグローバリゼーション

その一方で，グローバリゼーションを「最近」の現象として捉えることには妥当性もある。なぜならば私たちが現在目の当たりにしているヒト・もの・ことの移動は，グローバル・ヒストリーが扱っているような移動とは，時間的な速さ，空間的な広さ，そして頻度や密度といった点で比較にならないこともまた事実だからだ。

現在グローバリゼーションという際には，そのような狭義のグローバリゼーションを指すことが一般的だ。とはいえ，「最近」といってもここ数十年の現象ではなく，ウォーラーステインによる「近代世界システム」論からも読み取れるように（第13章参照），近代すなわち16世紀あたりには既に指摘できる現象とみなすべきであるという意見が有力だ。

近代以降のグローバリゼーションは，以前のグローバリゼーションが多様な地域を中心としていたのに対して，一貫してヨーロッパ世界を中心にしていることに特徴がある。具体的に捉えるためには，文化人類学者の川田順造による五次にわたるグローバリゼーションの時系的整理が手がかりとなる（川田 2014：152-154）。

　第一に，15 世紀末に始まる「カトリック＝地中海ヨーロッパ世界」のそれまでにない海洋を越えた世界進出である。大航海時代の前半にあたり，ヨーロッパ人は未知の陸域・海域に到達し，世界認識を広げていった。第二に，16 世紀末に始まる「プロテスタント＝太平洋ヨーロッパ世界」の世界進出である。大航海時代の後半はポルトガル・スペインに代わり，イギリス・オランダ・フランスが先導した。これらの国々は対アジア貿易，そして大西洋三角貿易によって莫大な利益を上げ，結果的に産業革命を可能にした。さらに，18 世紀のアメリカ合衆国の独立やロシアのヨーロッパ化によって，ヨーロッパ世界が拡大した時代でもある。

　第三に，19 世紀後半におけるヨーロッパ世界による非ヨーロッパ世界の植民地化である。ヨーロッパ人は植民地に第一次産品を供給させると同時に，ヨーロッパ世界で生産した産業製品の市場になることを強いた。第四に，連合国と枢軸国の対立を軸に世界規模化した第二次世界大戦に始まる流れである。終戦後は，アメリカを中心とする資本主義・自由主義の国々と，ソ連を中心とする共産主義・社会主義の国々が対立を深め，その様は冷戦といわれた。

　最後は，現在進行形の状態にあるグローバリゼーションである。ソ連圏が崩壊し冷戦体制が解体したことにより，共産主義・社会主義が後退し市場経済や新自由主義が拡張した。さらに，情報技術革新が進みインターネットが普及したことも特筆される。

　これら五次のグローバリゼーションがローカル社会に与えた影響を，

日本に視点を定めて考えてみよう。無数のヒト・もの・ことが主に欧米からもたらされたことはいうまでもない。たとえば，第一次に伝播したものとして，銃やじょうろ，カステラが挙げられる。あるいは第二次においては，江戸幕府がグローバリゼーションの波に脅威を感じ，ヒトの出入国やものの輸出入を厳しく制限したことは「鎖国」という言葉でよく知られるが，その一方で「蘭学」が輸入され学問の新たな展開を導いた。第三次では，国民国家という考え方や軍事に関する文化が流入した。日本は植民地化を免れる一方で，朝鮮や中国，そしてミクロネシアを植民地化するに至ったわけだが，これは欧米中心のグローバリゼーションへの対抗とも位置付けられる。しかしながら第二次世界大戦で敗れた後，第四次ではアメリカの強い影響下で高度経済成長を果たし，少なくとも経済の分野ではグローバリゼーションを促進する側に躍り出たと捉えられる。そして第五次のグローバリゼーションに生きる私たちは，もはや欧米化の次の段階として，冒頭に見たように隅々まで「世界」が溢れるような日常生活を送っているというわけである。

ところで，グローバリゼーションというと一般的に，手に取れる物質の移動や知識の伝達などを思い浮かべがちだ。しかし，第三次のところで例として挙げた，欧米型の軍事文化の浸透は日本人の身体動作にまで行き渡り，日本古来の「ナンバ」と呼ばれる右足と右手，左足と左手が同時に出る歩き方が，右足と右手が交互に出る歩き方に変容したという指摘がある（三浦 1994）。あるいはやはり第三次にあたる 1918 年から 19 年おいて，アメリカで発生した「スペインかぜ」とよばれたインフルエンザは世界的に大流行し，日本でも人口の約半数が感染したという議論がある（速水 2006）。すなわちグローバリゼーションとは，私たちの想像を超えて身体動作や病までをも含むあらゆるヒト・もの・ことが地球を駆け巡る現象なのであり，それはしばしばヒトの意思や思惑とは

関係なしに起きることに留意する必要がある。

4. グローバリゼーションとローカル社会

　前節の日本の事例からもわかるように，近代以降，ヨーロッパ世界を中心としてヒト・もの・ことが地球規模で移動し，世界各地のローカル社会が影響を受けてきたことは事実である。この点について私たちは，グローバリゼーションによってローカル社会の多様性が追いやられると早とちりしがちだ。しかしながら現実にはグローバリゼーションとローカル社会の関係性は複雑で，世界は均質化の方向に向かっているとは言い難い。

　わかりやすい事例として食文化について考えてみよう。グローバルな食文化と聞いてすぐに思い浮かぶのが，アメリカに本社をもち，今や100以上の国に約36,000店を有するファストフード・チェーン店マクドナルドだ(McDonald's ウェブサイト)。アメリカの社会学者リッツァは，マクドナルドの世界展開によって食文化はもとよりローカル社会のあらゆる側面の「マクドナルド化」が起きると論じ，グローバリゼーションの均質化という力を主張した（リッツァ 1999）。しかしながら現実にはマクドナルドは必ずしもローカル社会でそのまま受け入れられるわけではない。

　たとえば1986年にイタリアの首都ローマでマクドナルドの国内第一号店が開店した際には，準備するにも食するのにも「手っ取り早い」ファストフードに対抗して，「スローフード」という標語を掲げた抗議運動が起きた。ローカル社会がマクドナルドに象徴される食文化のグローバリゼーションに対して危機感を表し，伝統的な食材，料理，味，さらには生産方法の重要性を再認識したのである。この流れの中で1989年に

は北部ブラにスローフード協会が設立され，世界各地から賛同の声が上がった結果，現在協会は世界的組織に成長している（Slow Food International ウェブサイト）。ちなみに日本でも 2000 年辺りから，「スローフード」や「食育」という言葉が浸透していった（島村 2003）。

あるいは，マクドナルドがローカル社会に受け入れられたとしても，そこにはしばしばローカル社会による変容がともなう。1996 年に第一号店が開店したインドでは，ウシを食べないヒンドゥー教徒が約 80％，ブタを食べないイスラーム教徒が約 15％を占め，さらにベジタリアンが非常に多い。そのために他国では「100％ビーフ」のパテが売りになっているマクドナルドのハンバーガーは，野菜や鶏肉を食材にしたパテのハンバーガーに置き換えられている。伝統的な料理の影響で，味付けに香辛料が多用されていることも特徴的だ（McDonald's India ウェブサイト）。

食べ物自体のみならず利用方法において変容が見られる場合もある。1971 年に第一号店が開店した日本では現在，マクドナルドは食事のみならず喫茶や休憩の場として利用されることが増えた。そのために飲み物やサイドメニュー・デザートの種類が多く，また大半の店舗ではスマートフォンやパソコンの使い勝手がいいように Wi-Fi サービスを提供している（日本マクドナルド ウェブサイト）。

以上のような事例からは，ローカル社会がグローバリゼーションにただ翻弄されるのではなく，グローバリゼーションに対抗してむしろローカルな文化を改めて発見・評価する姿が見て取れる。あるいは，グローバリゼーションを取捨選択したり変容させたりしながら受け入れる姿も浮かび上がる。このようないわばグローバリゼーションの土着化・地域化（ローカリゼーション）という現象を，「グローカリゼーション」と呼ぶこともある（Robertson 1995）。いずれの場合にせよ，グローバリゼー

ションとローカル社会の関係性を問うためには，均質化と異質化の力学を丁寧に見ていくことが欠かせない。

5. グローバリゼーションの諸相
　——ツバルのフィールドワークから

　人類学は，特定のローカル社会における，狭くとも「深い」フィールドワークを主要な研究手法とするから，グローバリゼーションという地球規模の現象の全体像を捉えることには向いていない。しかしその一方で，ローカル社会を切り口にグローバリゼーションの諸相を描くことは可能である。この点に関連して，アメリカの文化人類学者アパデュライは，グローバリゼーションとして領域に捉われない五つの流動（フロー），すなわちヒト，技術，資本，メディア，思想の流動に注目し，それらは個人や集団に応じて異なった「景観（scape）」として立ち上がると説明する（アパデュライ 2004）。この意味での「景観」を描き出すのは人類学者の仕事の一つといえよう。

　そのような人類学的試みの一事例として，筆者が2009年から2010年にかけて行った，ツバルのフナフチ環礁フォンガファレ島を主たる対象とした研究調査を紹介したい（深山・石森 2010）。

　ツバルはオセアニアのポリネシアに位置し，数多くの小さな島々から構成されている。その総面積は26平方キロメートル，人口1万人弱のいわゆる極小国である。ざっと歴史を振り返ると，1892年に現在はキリバスの一部であるギルバート諸島とともに，ギルバート・エリス諸島としてイギリスの保護領になった。1915年には植民地となり，1975年にギルバート諸島と分離してツバルと称されるようになった。イギリスから独立を果たしたのは1978年のことである。

1980年代に入ると世界では，ヒトの活動に起因する温室効果ガスの排出量の増加によって地球温暖化が指摘されて，それによって引き起こされた海面上昇という現象が徐々に注目を集めるようになった。ツバルでは国土のほとんどが環礁州島というサンゴ礁と砂・礫から出来た島から成り立っており，平均海抜は数メートルと極端に低い。そのために，海面上昇にともなって浸水，浸食，塩害を被るリスクが高いことが明らかになった。こうして，ツバルは同様の特徴をもつ隣国のキリバスと共に地球温暖化に基づく環境問題を象徴する存在として，極小国であるにもかかわらず一躍世界に知られるところとなった（第15章参照）。

ところでヨーロッパ世界は，大航海時代末期に太平洋の島嶼に到達して以降現代に至るまで，それらに「弱小」「隔絶」「辺境」「前近代的」「非歴史的」という偏ったイメージを抱き続けてきた（春日 1999）。「近代世界システム」の中心に位置する大国が海面上昇の主たる原因をつくっているにもかかわらず，ツバルのような周辺に位置する極小国がその結果を引き受けざるを得ないという事実は，それらのイメージを補強した（第13章参照）。こうしてマス・メディアは，「沈むツバル」に加え「被害者ツバル人」という言説を繰り返しながら，浸水等の被害を世界に向けて報じた（Farbotko 2005）。

以上を念頭に，筆者はツバルでのフィールドワークによって浸水リスクの高い居住地とそこに住む人々の実態に迫ろうと考えた。その前提として，収集した統計資料からは，独立後に国家人口が急増するに従って，首都が所在するフナフチ環礁フォンガファレ島の市街地に人口が一極集中し，現在では全人口の半数近くが同島に居住していることがわかった。

フィールドワークは短期だったため，フォンガファレ島の市街地の建築物密集地の一区画に調査対象地区を設定した（図14-1）。まず，過去と現在の建築物分布を比較した。すると，人口の急増と一極集中を背

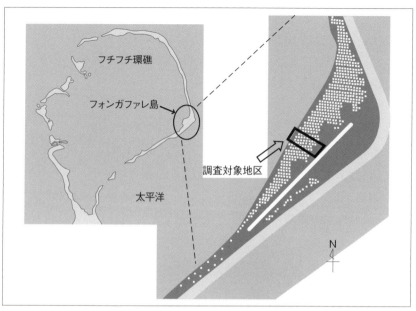

図14−1 ツバルのフナフチ環礁フォンガファレ島市街地のイメージ図
　右図の白点は建築物，白線は滑走路を示す。

景に，ここ数十年の間に低平な島の中でもさらに相対的に低く，かつては沼地だったところを埋め立てた土地に，居住地が拡張したことが明らかになった（Yamano et al. 2007）。すなわち，従来は居住地としては利用されていなかった低地が，海面上昇による浸水リスクが高まっているにもかかわらず，居住地になったわけである。住民がリスクを知らなかったとは考えにくく（小林 2008），事実建築現場ではサンゴ礫を敷き詰めて地盤を強化したり高床にしたりする工夫が見られた。

　さらに，調査対象地区の住民9人にライフヒストリーの聞き取り調査を行った。その結果，フナフチ環礁出身者は少数派で，むしろ多様な他島からの出身者が多数派であることがわかった。とはいえ，出身地から

現在のフナフチに直線的にやってきた者はいなかった。ここで，C氏とD氏2人の移動史を紹介しよう。なお，以下に登場するニウタオ，ヴァイトゥプ，ナヌメア，ヌクラエラエとは，フチフチと同様，ツバルを構成している環礁もしくは島の名である。

C氏（図14 - 2の4）・男性・1928年生・ニウタオ出身
　1928年に，母の出身島のヴァイトゥプで生まれた。ただし父はニウタオ出身であるため，ニウタオを出身地と考えている。ヴァイトゥプの学校に通っていたが，1945年にフィジーのスヴァに移動し高等教育を受けた。1948年に卒業し，士官候補生として船上訓練を始めるが，船酔いに耐え切れず数か月で辞め，ギルバート諸島タラワで植民地政府のもと警察官となった。1951年には，当時リン鉱石の採掘が盛んに行われていた現キリバス領のバナバに移動し，そこで警察官を務めた。1952年にはヴァイトゥプに戻ってフナフチ出身の女性と結婚した。同年には再びバナバに行き，そして1960年に再びタラワに移動したが，1976年にはフナフチに移動した。1978年に警察官を退職し，1981年から1998年までは国会議員を務めた。2008年にニウタオに行き，4か月の滞在の後にフナフチに戻ってきた。（2009年）現在は妻や息子家族ら10人で，妻方の親族が従来所有していた土地に建つ家に住んでいる。

D氏（図14 - 2の7）・女性・1955年生・ナヌメア出身
　1955年に，ナヌメアで生まれた。1969年からギルバート諸島タラワで中等教育を受け，ツバルの分離後も留まり，教職課程を終えた。1978年にヌクラエラエ出身の男性と結婚し，同年にタラワの小学校で教鞭をとり始めた。1983年にフナフチに移動し，数か月滞在した

第14章　グローバリゼーションとローカル社会　　229

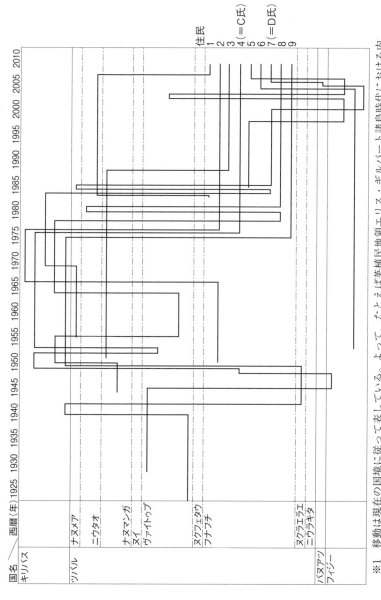

※1　移動は現在の国境に従って表している。よって、たとえば英植民地領エリス・ギルバート諸島時代における内部の移動が、ツバルとキリバスの間の移動として表される場合がある。
※2　国家名は、北から南の順番で、上から下に記している。ツバルとキリバスの順番で、上から下に記している。なお、首都の北緯を基準にしている。
※3　ツバルのみ、国内の9つの環礁レベルまで示している。環礁名は、北から南の順番で、上から下に記している。

図14－2　ツバルの住民9人の移動史

後に，ナヌメアに戻った。1984 年に第三子を妊娠したが，流産の危険があったので，病院のあるフナフチに家族と移動した。その後仕事を探すためにフナフチに留まり，1987 年に小学校で再び教鞭をとり始めた。2001 年には夫とともに高等教育機関の奨学金を得てフィジーに移動した。2003 年に学位をおさめた後，2004 年には夫がロースクールで勉強を続けるために，バヌアツに移動した。2006 年に再びツバルのフナフチに戻り，現在では宗教団体の学校の校長を務めている。(2009 年) 現在は夫と息子と娘の家族 7 人で住んでいる。

この 2 人だけでなく聞き取り調査をした全員が，ツバル国内の島々のみならず，かつてリン鉱石の採掘が盛んでツバル人の主要な出稼ぎ先であったバナバ島が所在する現キリバス，さらには現フィジー，現バヌアツとのあいだでも，頻繁に移動してきたことがわかった（図 14 - 2）。

さて，以上のような調査研究の結果からは，どのようなグローバリゼーションの諸相が見えてくるだろうか。

まず，環境問題のグローバリゼーションは，ツバルにおいて浸水などの災害やそのリスクとして経験されていることは事実だ。それを受けて，マス・メディアのグローバリゼーションは，ヨーロッパ世界による既成のイメージを下敷きに，ツバル人を「隔絶」された「前近代的」，「非歴史的」な「弱小」の島におけるなすすべのない「被害者」として描き広めた。

ところがフィールドワークからは第一に，近年になって居住地が浸水リスクの高い低地に拡張してきたことが明らかとなった。第二に，フォンガファレ島の市街地に住む住民たちが長距離の移動を繰り返してきたことが指摘できた。総合すると，グローバルに共有されたツバル人に対する負のイメージとは裏腹に，住民が能動的にこの島にやってきて，グ

ローバルな環境問題に柔軟に対応しながらリスクの高い居住地に暮らしていると捉えられる。さらにいえば彼らの高い移動性は，もしもこの島で海面上昇による被害が悪化した場合に，彼らには新たな居住地を求めて再び移動するという選択肢があることを示唆する。この意味でフォンガファレ島の住民たちは，小さな島を越えて海で繋がったグローバルな世界に生きる存在だと考えるべきなのだ。

聞き取り調査の際，みながあたかも「隣近所」に引っ越すかのように，島から島への移動を話すことが印象的であった。もちろん，彼らに共通する移動性は，近代的な船舶や飛行機に支えられており，近代以降のグローバリゼーションによって可能になっていることは確かだ。しかしながらその一方で，はるか昔より，祖先たちが海を読み船を操って長距離航海を繰り返してきたこと，すなわち近代以前のグローバリゼーションの伝統が，その世界観の根底にあるように感じられた。

世界の周辺に位置付けられる極小国に立脚した調査研究の一事例からは，グローバリゼーションの多様な様相が示され，特にローカル社会においては近代以前からの伝統をも含めたグローバリゼーションの重層的な在り様が明らかになった。ここではグローバリゼーションがむしろ文化の多様性を強化しているとも解釈できる。

現代において，地球のどこを探してもグローバリゼーションと無縁なところはない。今後人類学にますます求められるのは，あくまで目の前のローカル社会にこだわりながら，それを決して「辺境」や「隔絶」した社会と捉えることなく，グローバリゼーションに開かれた存在として描くための想像力だろう。

引用文献

アパデュライ，A., 門田健一訳『さまよえる近代―グローバル化の文化研究』（平凡社 2004 年）

アブー＝ルゴト，J. L., 佐藤次高他訳『ヨーロッパ覇権以前―もうひとつの世界システム　上・下』（岩波書店 2014 年）

家島彦一『海が創る文明―インド洋海域世界の歴史』（朝日新聞社 1993 年）

伊豫谷登士翁『グローバリゼーションとは何か―液状化する世界を読み解く』（平凡社 2002 年）

春日直樹『オセアニア・オリエンタリズム』（世界思想社 1999 年）

川田順造『＜運ぶヒト＞の人類学』（岩波書店 2014 年）

小林誠「地球温暖化言説とツバル―海面上昇に関する語りと認識をめぐって」（社会人類学年報34 2008 年）

島村菜津『スローフードな人生！―イタリアの食卓から始まる』（新潮社 2003 年）

速水融『日本を襲ったスペイン・インフルエンザ―人類とウイルスの第一次世界戦争』（藤原書店 2006 年）

Farbotko, C. Tuvalu and Climate Change：Constructions of Environmental Displacement in The Sydney Morning Herald.（Geografiska Annaler 87（4）2005）

深山直子・石森大知「『沈む』島の現在―ツバル・フナフチ環礁における居住を巡る一考察」（史学79 巻 3 号 2010 年）

三浦雅士『身体の零度―何が近代を成立させたか』（講談社 1994 年）

リッツァ，G., 正岡寛司訳『マクドナルド化する社会―果てしなき合理化のゆくえ』（早稲田大学出版部 1999 年）

Robertson,R. Glocalization：Time-Space and Homogeneity-Heterogeneity. In Global Modernities. M.Featherstone, S.Lash, and R.Robertson（eds.）（Sage 1995）

Yamano, H., Kayanne, H., Yamaguchi, T., Kuwahara, Y., Yokoki, H., Shimazaki, H., and Chikamori, M. Atoll Island Vulnerability to Flooding and Inundation Revealed by Historical Reconstruction：Fongafale Islet, Funafuti Atoll, Tuvalu.（Global and Planetary Change 57 2007）

引用ウェブサイト

Slow Food International ウェブサイト（2017 年 2 月 28 日時点）
　　http：//www.slowfood.com/
日本マクドナルドウェブサイト（2017 年 2 月 28 日時点）
　　http：//www.mcdonalds.co.jp/
McDonald's ウェブサイト（2017 年 2 月 28 日時点）
　　http：//www.mcdonaldsindia.com/
McDonald's India ウェブサイト（2017 年 2 月 28 日時点）
　　http：//www.mcdonaldsindia.com/

もっと学びたい人のために

ダイアモンド，J., 倉骨彰訳『銃・病原菌・鉄――一万三〇〇〇年にわたる人類史の謎　上・下』（草思社 2000 年）
前川啓治『グローカリゼーションの人類学――国際文化・開発・移民』（新曜社 2004 年）
三尾裕子・床呂郁哉編『グローバリゼーションズ――人類学，歴史学，地域研究の現場から』（弘文堂 2012 年）

1．近年欧米諸国を中心に，グローバリゼーションに反対する政治勢力が高まりつつある。どのような理由からだろうか，考えてみよう。
2．「グローカリゼーション」によって文化の多様性が発展した事例を探してみよう。

15 | 地球温暖化と人類社会

高倉　浩樹

《目標＆ポイント》　地球温暖化問題から見えてくるのは，高度に文明化された人類社会もまた，自然循環の一部に組み込まれ，そこから離脱して存立しえないことである。地球温暖化が何をもたらすのか，これに対応しつつある人類社会の仕組みを解説する。その上で諸地域社会での温暖化の影響について，自然災害を含む自然と社会の相互作用という視座で理解する事を学ぶ。
《キーワード》　気候変動，自然災害，適応，在来知，レジリアンス

1.「人類世」という視点

　地質時代という言葉を知っているだろうか？恐竜が現代によみがえる映画『ジュラシック・パーク』を思い出して欲しい。ジュラシックは，ジュラ紀という約2億年前から1.4億年前まで続いた時代のことである。この考えによれば，我々が生きる現代は，約1万前から始まる完新世（Holocene）とよばれてきた。原語のHoloは全体性や完全性を示す語頭で現代を示す。これに対し，近年18世紀後半以降を「人類世（人新世）anthropocene」と名付けるべきという主張が出された（Crutzen and Stoermer 2000）。なぜなら現代において地質を特徴づける最も大きな力は人間活動だからである。地表の30〜50％は人間活動によって形が変わったという。それは陸域だけでなく，大気圏や海域も含み，地球化学サイクルを左右している。
　18世紀後半はイギリスでジェイムズ・ワットが蒸気機関を発明した時代であるが，その影響は極地の氷河コアから伺うことができる。掘削

されて取り出された氷河の「地層」には，二酸化炭素とメタンという温室効果ガスの大気濃縮が始まったことが刻まれている．地表のあらゆる場所における人類の存在があり，都市化が著しく，広範囲な化石燃料の採掘，陸域で自然に固定化される量より多い人工的な窒素の生産（農業用肥料）など，地球物理的な意味でも人間の活動は巨大なのである．

ホモ・サピエンスが出現した約20万年前は更新世とよばれる時代であり，完新世が始まった1万年前は，氷河期が終わり農耕や牧畜が始まり，いわゆる文明が世界各地で発生した．そして18世紀後半以降は「人類世」となる．人類の名前を冠した地質時代という名称自体がヒトのおごりであるという考えもあるだろう．しかし，気候変動・地球温暖化問題に見られるように，人間活動そのものが地球の物質循環全体に影響をおよぼしているのは事実である．

本章では，こうした人類世とよばれる現代の中で，自然と人間の相互作用はどのように生じているのか，地球温暖化を例にとりながら考える．気候変動研究の中で，ヒト学はどのような貢献が可能か，そしてそこから見えてくる未来はどのように展望できるのか，探ってみたい．

2. 気候変動と災害

高度で複雑な都市社会と緻密で高速の電子情報網が現代世界を特徴付けている．読者の中には自然なしでも人類社会は成立するような印象をもっているかもしれない．今説明したように，ヒトの活動が地球システムに影響するような人類世に我々は生きているのだ．しかし，それは正しくない．ヒトはあくまで第1章で述べたように太陽の恵みの循環の中で生存しており，それは文明社会もまたそうなのである．最近新聞などで紹介されるように，蛍光灯で育てられた野菜もある．とするなら，太

陽や土なしでも食料生産は可能と思ってしまうかもしれない。しかし，そもそも電気は石油・石炭・原子力・風力などによってつくられている。石油・石炭は生物の死骸であり，鉱物や岩石もまた太陽の活動によって地球が形成された後につくられたものである。風や潮力は太陽熱と地球の自転によって引き起こされている。その意味で太陽の恵みと無関係にヒトの世界は成り立っていないのである。

現代世界で大きな問題となっている地球温暖化の原因は，人間による活動で増える大気中の二酸化炭素などの人為起源の温室効果ガスが引き起こす影響によって生じている。このことは人間の文明世界が地球という惑星の中の物質循環の中で成立している事実を示している。確かに，ヒトは他の動植物と異なり，都市やアスファルトなどの人工的環境の中で社会を構築することに成功した。一見，そうした物質文明は自然と対立あるいは無関係に存在しているように思われるかもしれない。アスファルトとコンクリートで覆われた都市社会は人工的構築物であり，そこにはヒトという生物の独自の生態系が存在しているのは事実だが，それは地中にある土壌と空中の大気を含む物質循環の中の一部である。台風・豪雨・地震を思い出せば理解しやすいように，ヒトの文明社会は，自然の猛威を遮断することはできない。

かつて人類は，他の動植物と同様に，地球システムの中の物質循環と生態系に埋め込まれていた。しかし，約1万年前のドメスティケーションの開始によって，人間独自のローカルな物質循環とローカルな生態系を次々とつくることに成功したのである（2章参照）。田んぼを見れば，それは紛れもなくヒトが選び出した栽培植物である稲が圧倒的に優占的な空間であり，と同時にそこにはフナやドジョウ，様々な昆虫類などが生息する生態系でもある。この田んぼをめぐる多様な生物環境は，ヒトの介入なしには存立しなかったという意味で，ヒトがつくりだしたミニ

チュア的生態系なのだ。都市のヒートアイランド現象は，土地利用・構造物・ヒト社会の活動による排熱などの人工的原因によって，都市以外と比べて，都市区域部分の気温が高くなる現象である。これは，まさに都市が気象という物質循環の中に埋め込まれていることを示している。

このように我々の社会を再考すると，ヒトの文明は自然を決して支配などできていないことがわかるだろう。文明は確かにヒト独自によるローカルな生態系とローカルな物質循環をつくりだした。しかしそれは，これを包摂する地球システムの中での存在なのである。近年の日本における局所的ゲリラ豪雨は，ヒトが想定していた以上の物質循環が我々のローカル（都市）生態系をおそった結果，それが不適応を起こした事象を示している。現在の地球温暖化の原因は，人類世以来，ヒトがつくりだした温室効果ガスであることが様々な科学者によって指摘されている。これはヒト起源のローカルな生態系の影響が，地球全体の物質循環をも変えるような規模と質をもつようになったことを示している。

3. 地球温暖化と国際政治

3-1 温暖化のリスク

「気候変動に関する政府間パネル（IPCC）」は，2013年に第5次評価報告書（Climate Change 2013）を刊行したが，その中で地球温暖化は人為的な原因による「可能性が非常に高い」と評価した。その影響による確信度の高いリスクについて，海面上昇，大都市部への洪水，極端な気象現象によるインフラ停止，熱波による都市部のリスク，気温上昇・旱魃による食料安全保障，水資源不足と農業生産減少，沿岸海域の生態系損失リスク，陸域内水面の損失リスク等と指摘している（国立環境研究所編 2015）。これは従来，ヒトが享受していた生態系からの恵み（サー

ビス）つまり食料の獲得や生産，さらに快適で安全な生活を送るための気象条件が損なわれうることを指摘している。一方では洪水，もう一方では干魃となると矛盾しているように思われるかもしれない。しかしこれはあくまで地球全体の話であり，実際に生活者の視点にたてば，ある地域では水不足で農業が打撃を受け，別の地域では海面が上昇し，洪水が発生するということである。地球温暖化は地球全体の温度の平均値の上昇によって裏付けられるのであるが，その影響は世界の様々な地域でそれぞれ異なる形で出現する。生態系や地質や都市などの人工構造物を含めた環境と気象の組み合わせによって，様々な地域災害となるというのが，地球温暖化の特徴である。

　新聞やテレビで地球温暖化が扱われるとき，それは軍事的紛争や難民問題などと同じように国際的な解決が必要とされる問題として扱われている。確かにその解決には先進国と発展途上国の利害の違いを超えて，国家同士が何らかの合意を形成していくことが必要である。この点で，地球温暖化は，国際問題として位置づけられる（13章参照）。その一方で，他の国際問題にはない大きな特徴がある。それは地球温暖化の定義やその度合いの評価も含めて科学者が大きく関わっていることである。科学者および科学者集団によってこの問題が提起されたといってもよい。先に記したIPCCはその代表的存在である。

　IPCCは国連の環境計画（UNEP）と国連の専門機関である世界気象機関（WMO）が1988年に共同で設立した国連の一組織である。組織といってもその本部には議長団と事務局があるだけで，その活動は世界中の科学者によるボランティアによって成り立っている点に特徴がある。IPCCは参加した科学者に役割分担を御願いし，そのうち500人ぐらいには世界中の学術論文を調べることで，現在何がわかっているのか展望・評価した報告書を依頼する。その報告書は2000人ぐらいの専門

家や政府関係の査読を受けて何度も書き直され，最終的には各国の政府代表者が集まって報告書を完成させるという仕組みなのである。この報告書は，あくまで現状の科学的知見を整理することが目的で，政策を立案するための科学的判断材料を提供することを目指しているというのがIPCCの見解である（江守2008）。

3-2 社会組織としてのIPCC

　地球温暖化の対処に関する国際政治のあり方は，科学者とその知識という存在抜きに，意思決定することが難しくなったという点で，従来の政治家中心の国際関係を大きく変えた。これまでの国家間の軍事・経済・環境などをめぐる諸問題の交渉にあたって，中心はそれぞれの国内の政治家や官僚であった。人文社会学者や自然科学者の知見は論文や書籍，テレビやラジオなどの媒体で社会に流通している。その中には，政府の諮問委員会等で，直接情報を提供された場合もあるだろう。しかし，それらはあくまで国家の意思決定者達が政治的決定を行うため参考意見であり，どの情報が政策的に意味あるのかの判断は為政者側にあった。IPCCの組織はそうした従来の政治と科学の関係を変えている。まずIPCCは国連の機関であり，そこに科学者はボランティアで参加している。もちろんIPCCはあくまで政策立案のための判断材料の提供といっている。だが既存の国家でなく，中立・独立的な国際機関によって，しかも科学者のイニシアティブによって，社会に価値あると評価された情報が定められ，国際社会に提供される仕組みなのだ。これはIPCCが政策提言をする，しないに関わらず，そのような存在自体が，独自の政治的意味をもっていることを示している。

　地球環境問題が国際社会で本格的に検討されるようになった契機は，1992年のブラジルのリオデジャネイロで開催された「環境と開発に関

する国連会議」（地球サミット）であった。そこでは持続可能な開発という理念が提示され，気候変動枠組み条約・生物多様性条約など採択され，現在に至るまでそれらは国際社会の重要な議題となっている。このような合意が可能だった背景にはソ連が崩壊し冷戦が終結したことがある。それは同時に国家間や何らかの政治的意思をもつ集団同士の対立だけではなく，地球規模の自然変動に由来する「意図をもたない」脅威への対応が必要になったことを示している。伝統的な軍事中心の安全保障論から，健康や幸福，教育などを含む人間の安全保障論が必要となったのだ（米本 2011）。

地球全体に関わる環境問題は，二国間や多国間の関係だけでなく，国際機関さらにＮＧＯ・市民社会といった様々な主体がそれぞれ問題化し，解決が計られているようになった。我々が生きる現代世界，特に人類世という視野の中で起きてくる諸問題は，従来の国家だけでなく，そうした新しい政治と科学の繋がりを備えた仕組みの中で解決されようとしているのである。

4. 気候変動とヒト学

4-1　環境正義と在来知

温暖化の研究は自然科学者を中心によってなされ，さらに政策研究や国際関係論，さらに経済学といった分野の社会科学によって担われているというのが多くの読者のイメージであろう。自然科学が地球規模のマクロな気候変動を捉えるのに対し，社会科学は国際社会や国家の政策決定がいかなる形で温暖化に対応しているのか現実の動向を分析するからである。ヒト学はそこでどのような役割を果たすことが出来るのだろうか。本書においてヒト学は文化人類学と自然人類学双方を基盤とするも

のとして構想されている。ただ本章ではやや狭めに，文化（社会）人類学・生態人類学・人類生態学などの現代の人類集団を調査研究している分野を念頭において考えてみたい。

　ヒト学の対応のあり方の一つは，上記社会科学的アプローチと共有される問題関心である。いうまでもなくヒト学の研究者は世界の至るところで，調査を行ってきた。環境問題に関わるのは政府だけでなく，企業，民間団体，個人に広がっており，それは全球的な現象である。この中で，民族的少数者や先住民によって構成される地域社会を熟知し，こうした人々の人権などに関わるＮＧＯとも関わりのあるヒト学者は，彼らの動向に焦点をあてて国家や国際社会との交渉の過程の分析を試みている（高倉 2009，Forbes & Stammler 2009）。国家間だけでなく，ＮＧＯや現地の人々が何を求めているのかを明らかにすることによって，マイノリティ・貧困層・地域社会などの視点に含めた「社会現象としての温暖化」の理解は深めることが可能である。

　ヒト学者の役割はそれだけにとどまっていない。地球温暖化が地域社会に何をもたらすのかの科学的分析において，自然科学者と共同作業を行っている。温暖化問題は，単に自然の研究ではない。自然が変化することで社会がどのように影響を受けるか，その応答をどう考えるかが求められている。とするなら，そもそもヒトの様々な社会と文化の多様性の理解が出発点となる。災害をどう理解するのか，そしてどのように対応するのかは，何よりも歴史と文化が重要な側面になる。身近な例を挙げれば，札幌で大雪が降って起きる交通事故と，東京のそれとでは意味が大きく異なっている。自然災害は単に風や雨の物理的な量の大きさなのではない。その大きさに曝された個人と社会が対応できないときに，災害となるのである。したがって，そもそも諸地域社会で災害がどのように概念化されているのか，どのような自然の外力に応答できる社会シ

ステムが歴史的に構築されてきたのかが重要である。災害規模は等しくても，年齢や職業，収入，健康などが違えば被害は異なる。災害に脆弱な社会層はどのように分布し，実態として何が問題となるかという意味で環境正義的な理解が必要となる。その分析なくして，温暖化の社会的影響は決して理解できない。フィールドワークを行うヒト学者はこの点で，現地の人々の認識を理解しつつ，同時に科学者の認識の枠組みを理解しつつ，双方を繋げる役割が可能なのだ。

　現地の人々の認識を理解するためには，在来知（indigenous knowledge）が手がかりになる。この概念は文化人類学の中で練り上げられたものだが，現在はユネスコによっても採用され，文化遺産や気候変動の分野で広く使われている。その定義によれば，もともとは世界中に分布するヒトが，世界各地で歴史的に暮らす中で経験的に発展させてきた身のまわりの環境についての知識・技能・思想を意味する。在来知は何よりも人類の文化的多様性を理解する上で重要な要素であり，地域に根ざした持続的発展の鍵とされる。しばしば，科学的知識と対立的に捉えられることがある。確かに在来知は，宗教的な世界観などにも絡むことがあり，科学的知識と矛盾することもある。ただこの概念が重要なのは，地域や文化ごとに独自の形で育んできた自然環境を認識する手がかりとなるからである。それは土石流のような大規模な自然の力から，春に静かに降るこまやかな雨を「春雨」と弁別するような極微細な自然の現象を捉える認識のあり方を含む。日本語の津波は，英語を初めとする多くの外国語に借用され現在では科学用語にもなっているが，元来は在来知の一種である。このように，在来知は科学的知識と相互補完することで有効になる。

　たとえばシベリアの先住民サハ人は牛馬牧畜を伝統生業とする人々であるが，彼らの生活空間には世界で10番目に大きいレナ川がある。こ

の川は冬には完全凍結し，春になると南側に位置する上流から融解が始まり，水の流れがまだ融けていない下流の氷を破壊し，場所によっては氷解洪水が発生する。河川工学でアイスジャム洪水とよばれるこの現象を，地域住民は，連続的な季節的事象「春の水」「土の水」「夏の水」の一つとして認識している。極端に大規模でない限りは，「春の水」＝アイスジャムは，牧草の生育のために必要であるとすらみなしている。近年の温暖化は，「春の水」の規模増大と，雪解け水である「土の水」や，6月以降の降雨による河川氾濫「夏の水」を増やし，結果的に牧草の収量減少につながっている（高倉 2015）。

4-2　温暖化研究における「翻訳者」

　先住民・地域社会で世代をこえて伝承され研ぎすまされてきた在来知の重要性は，自ら大規模なものから微細なものに至る自然の変化を人々が自立的に認知する機会を提供することにある。地球温暖化は従来存在し得なかった事態も地域社会にもたらす。多くの場合，人々は何らかの形で，その新しい条件を踏まえた在来知を更新させてきたのである。近年のヒト学が取り組んできたのは，そうした在来知の内容を記録化することであり，さらにその在来知がいかなる形で更新＝伝承されていくか，そのメカニズムを解明することであった。そのことを通して，先住民や地域住民の知識とそこで感知された観察結果を，単に彼らの社会だけでなく，自然科学者にとっても理解できる形にすることを目指したのである。それは先住民と科学研究の協力体制を構築することであった（Krupnik and Jolly 2002）。この点で，ヒト学は住民と自然科学の間の翻訳者の役割を果たしてきたのである。

　このことは大変重要なことである。なぜなら地球温暖化を真に理解するためには，マクロとミクロな知見を組み合わせることが必要だからで

ある (Bakes 2008 : 175)。自然科学者が用いるモデルやシナリオなど様々な方法を駆使して導き出す知見は，地球レベルの平均値という形態をとる。そこでは，過去と比べて現時点で起きている事態がいかなる性質をもつのか正しく把握することができる。さらに将来的な見通しを量的データやシナリオとして提示されるために，政策決定や国家間の合意形成にも直接的・間接的に接合されやすい。

しかしながら，その方法では温暖化がどのような影響をもたらすのか，特定の時間と場所という限定条件の中において，具体的に何が発生し，いかなる影響が生態的・社会的におよぶのかを把握することは困難である。むしろヒト学が得意とする生活の現場に密着したアプローチから情報発信することが求められている。地域社会の在来知を用いて感知可能な知見を，自然科学者も理解できるような形に翻訳し，それを科学的知見と総合させることが必要なのだ。

このことは従来の調査者と被調査者という関係を変える可能性さえ秘めている。自然科学の普遍的な知見が，地域社会に伝えられるという一方的な関係ではないからである。科学者集団という閉じられた世界の中で学問が行われ，その成果が内部で独占されるのではなく，地域に暮らす市井の住民も何らかの形で科学＝学問の営みに参画し，その成果の地域社会への適用を彼ら自身が構想する仕組みが実現する契機が含まれている（高倉 2012）。さらに言えばそこには災害弱者への配慮という環境正義的視点も含まれていなければならない。

5. おわりに

地球温暖化研究に取り組むことによって，ヒト学は自然環境の理解を変えるようになった。従来のヒト学は決して自然環境を無視してきたわ

けではない。サバンナや熱帯雨林という環境が措定され，その中でヒトの適応や文化構築が検討されてきた。ただそこで区分された環境は季節変化や多少の変動はあるにせよ変わらない，いわば背景としての自然だった。文化こそが変化するものだったからである。しかし地球温暖化に取り組むことは，動き続ける自然とそれに対応する文化と社会という視座を必要とする。

　このことを，災害人類学という研究分野に言及しながら考えてみよう。災害研究には，当然ながら変化する自然という枠組みがある。通常とは異なる＝異常な自然現象に起因する異常な社会状況＝非常事態だが，災害を研究対象とすることは，何よりもこの非常事態を社会過程として対象化することにほかならない。この分野を牽引するS・ホフマンらは，災害過程はある特定の人間集団における社会的機構の本質つまり人々がどのように繋がりあい，そしてその繋がりの強さの度合いはいかなるものかを明らかにすると主張している（ホフマン 2006：14）。災害時の地域社会の人間関係や被災地以外と被災地がどのように関わりあうかを想起すれば，この指摘は納得できるだろう。

　いうまでもなく，温暖化は災害という現象となって現れる。熱波・旱魃・洪水・高潮・暴風雨・地滑り・土石流などの自然災害が想定できるが，温暖化はそれらの頻度を増やし，規模を大きくするのである。この意味で，地球温暖化の人類学とは，災害の人類学という側面ももっている。かつて伊谷純一郎（1982）は旱魃の中のアフリカの牧畜民トゥルカナの社会生活を描き出した。それは「通常」において観察・理解される社会と文化の仕組みが，いかに極限的な事態に対応しようと拡張しうるのかを示すものであった。非常事態に晒された個人はそれぞれの問題状況を解決すべく多岐にわたった行動を実践することで生存を勝ちえていく。文化・社会の仕組みは個人の行動選択の広がりを方向づけ，さらに

その中でその仕組みは微妙であれ大幅であれ再編されていったのである。彼の研究は，文化・社会のあり方を，単に日常での観察だけではなく，非日常の対応を含み込んだ幅のあるものとして捉えることの重要性と革新性を示すものだった。これは現代の社会システムが災害対処を独立した外的なものとして整備するのと対称的である。この点で伝統的な地域社会から学ぶことは多い。

　災害研究は平常時と異常時の二面において自然を理解し，それにそれぞれ対応する文化の動態を捉える点に特徴がある。地球温暖化の人類学は，単に二面だけでなく，常に動き続ける自然と適応し続ける文化と捉える点が異なっている。ここで重要なのは，自然と社会の相互作用の中でヒト社会が維持可能な「幅」を捉える概念のレジリアンス（回復更新力）・脆弱性である。レジリアンスはなかなかわかりにくい概念だが，もともとは生態系の安定性に代わる概念として提示された。自然の撹乱が起きたとしても生態系が維持されていく場合，そこには変化を吸収して存続する能力＝レジリアンスが働く（Bakes 2008: 73）。これが人間社会に適用されたのである。重要なのは単純に元に回復するわけではなく，そこに更新や再組織化が含まれていることである。一方で脆弱性はいわばこのレジリアンスのコインの裏側である。レジリアンスが減れば，脆弱性は増加する（Folke et al. 2002: 13）。

　人類世の中でヒト学の重要な課題は，現存している文化・社会の中から，動き続ける自然に対応・適応するレジリアンスを見つけ出すことだと思う。在来知を手がかりにして，自然と文化の相互作用をより綿密に理解することが求められている。伝統社会での経験を踏まえ，環境正義の視点を含めながら現代社会への応用を考えることが必要である。これは従来の基礎学問としてのヒト学の領域を越えて，社会工学や政策的な側面に連なることを意味する。ＩＰＣＣの報告にあるように，今後多く

の人為に由来する災害が発生していくと思われる。そうした自然科学的予測を前提にして，地域社会が育んできた在来知を手がかりに，温暖化によって生じる災害を防いだり，減じたり，あるいは復興が可能かどうか検討することが求められる。変化する自然に対しヒトの諸社会が対応可能なレジリアンスを見つけ，政策への貢献をしていくことが必要である。同時にそうした災害で顕在化する社会的弱者を脆弱性の観点で理解し，レジリアンス強化に向けた社会工学的・政策的な提言をすることがヒト学に求められていると思うのである。

引用文献

伊谷純一郎『大干魃―トゥルカナ日記』（新潮社 1982 年）
江守正多『地球温暖化の予測は「正しい」か？―不確かな未来に科学が挑む』（化学同人 2008 年）
国立環境研究所（地球環境研究センター）編『IPCC 第五次評価報告書のポイントを読む』国立環境研究所 2015 年
　　http://www.cger.nies.go.jp/publications/pamphlet/ar5_201501.pdf
高倉浩樹「恵みの洪水が災いの水にかわるとき」檜山哲哉・藤原潤子編『シベリア―温暖化する極北の水環境と社会』173-222 頁（京都大学学術出版会 2015 年）
高倉浩樹「シベリアの温暖化と文化人類学」高倉浩樹編『極寒のシベリアに生きる―トナカイと氷と先住民』238-247 頁（新泉社 2012 年）
高倉浩樹「先住民問題と人類学―国際社会と日常実践の間における承認をめぐる闘争」窪田幸子・野林厚志編『「先住民」とはだれか』38-60 頁（世界思想社 2009 年）
ホフマン, S. M. ほか編，若林佳史訳『災害の人類学―カタストロフィと文化』（明石書店 2006 年）
米本昌平『地球変動のポリティクス―温暖化という脅威』（弘文堂 2011 年）
Bakes, F. [2008] *Sacred Ecology* (2nd edition). New York and London: Routledge.
Crutzen, P. and Stoermer, E. 2000 The "Anthropocene", *Global Change Newsletter*

41 : 17-18.
Folke, C. et al. 2002 *Resilience and Sustainable Development: Building Adaptive Capacity in a World of Transformations*. Stockholm: Environmental Advisory Council.
Forbes, B.C. & F. Stammler 2009 Arctic climate change discourse: the contrasting politics of research agendas in the West and Russia. *Polar Research* 28 : 28-42.
Krupnik, I. & D. Jolly 2002 *The Earth is Faster Now: Indigenous Observation of Arctic Environmental Change*. Fairbanks: Arctic Research Consortium of the United States.

もっと学びたい人のために

秋道智彌『コモンズの地球史――グローバル化時代の共有論に向けて』(岩波書店 2010年)
池谷和信編『地球環境史からの問い――ヒトと自然の共生とは何か』(岩波書店 2009年)

1. なぜ人類世という地質用語が生まれたのだろうか。
2. 地球温暖化問題の解決に向けた国際社会の取り組みは、環境正義の観点からどのように評価できるだろうか。
3. 自分の地域社会に存在する在来知を調べた上で、それはどのようにすれば防災に役立つか考えてみよう。

索引

●配列は五十音順。＊は人名を示す。

●あ 行

愛玩動物　31, 80
IPCC（気候変動に関する政府間パネル）237, 238, 239, 246
アジア　41, 42, 48, 51, 64, 80, 82, 87, 113, 194, 200, 219, 220
遊び　14, 159, 162, 164, 165
アニマルセラピー　34
アニミズム　154
＊アパデュライ，アルジュン　225
＊アブー＝ルゴド，ジャネット　219
アフリカ　38, 41, 42, 44, 46, 48, 52, 57, 59, 61, 63, 64, 67, 73, 74, 82, 88, 91, 99, 161, 193, 245
アマゾン　97
アメリカ　13, 74, 80, 221, 222
アメリカ大陸　42, 48, 51
アルパカ　80, 82, 91, 92
アレンの法則　45
イギリス（英国）　13, 138, 212, 221, 225
異質性　54
威信　33, 72
イタリア　207, 210, 211, 223
遺伝型　54, 55
遺伝子組み換え作物　36
遺伝的な多様性　52, 54
移動　18, 19, 48, 59, 65, 71, 78, 83, 92, 115, 162, 193, 196, 199, 203, 219, 220, 222, 231
イノベーション　208
移民　212, 214
インセスト・タブー　64, 111, 116
インターネット　9, 129, 140, 187, 221
インド　99, 112, 224
インドネシア　102, 104, 213
インド洋　220
＊ウォーラーステイン，イマニュエル　220
運搬　18, 19, 33, 62, 79

エスニシティ　212
エネルギー　10, 12, 14, 16, 17, 18, 20, 29, 30, 44, 50, 79, 86, 169, 172, 208, 209
エネルギー効率（論）　50, 59
エネルギー収支　14
エネルギー連鎖　9, 21
エミュレーション　160
絵文字　145
縁組　193, 195
遠洋航海術　43
王殺し　201
オスの育児参加　59, 120, 121
オセアニア　42, 135, 180, 194, 220, 225
オランダ　221
オリエンタリズム　216
温室効果ガス　226, 235, 236, 237

●か 行

外婚　111, 116, 117
階層化　74, 80, 196
海南島　101, 104, 105, 107
核家族　111, 112, 125, 132
攪乱　100, 102, 107, 246
隔離　48
化石燃料　30, 235
家族　89, 111, 112, 116, 118, 121, 125, 126, 129, 131, 132, 179, 180, 193, 194, 208
可塑性（plasticity）　54
家畜化　78, 192　（飼育化も参照）
加入儀礼　152
貨幣　184, 186
貨幣経済　73, 184, 186, 188
カルシウム　87
＊川田順造　221
灌漑　102, 199, 203
環境計画　238
環境正義　240, 242, 244, 246
環境と開発に関する国際会議（地球サミッ

ト）239
環境破壊　102
ガンジ・ダレ遺跡　82
完新世　234, 235
汗腺　46
感染症　34, 35
*ギアーツ, クリフォード　156, 200
気候帯　44
気候変動に関する政府間パネル（IPCC）237, 238, 239, 246
技術革新　208, 221
規則　75, 76, 117, 131, 135
キャンプ　65, 68, 70, 72, 125, 162, 172
境界　151, 152, 153, 162, 163
競合資源　103
共生的牧畜　92
共同体　118, 119, 126, 137, 138, 210
漁撈　24, 74, 78, 81, 82, 88, 90, 96, 103
キリバス　225, 226, 228, 230
近世　206, 207
近代　145, 155, 183, 205, 206, 208, 210, 212, 215, 216, 219, 220, 223, 231
近代化　205, 206, 215
近代国家　203
クラン　118
グローバリゼーション　108, 218, 219, 220, 222, 224, 230
グローバル　27, 49, 54, 205, 209, 210, 218
劇場国家　200
血縁　66, 116, 131, 132, 137, 139, 141
結社　139, 140
言語　65, 117, 143, 145, 146, 148, 151, 153, 154, 156, 219
現生人類　40, 41, 143, 206
現代農業　26, 28, 30, 96, 97, 106, 108
倹約遺伝子　49
倹約遺伝子仮説　50

高緯度　44, 48, 49, 74
交換　82, 87, 89, 117, 125, 140, 176, 179, 180, 182, 184, 186, 194, 196
交換財　34
後期近代　205
工業化　12, 13, 21, 139
構造主義　149
合理主義　208
国際　209, 210, 211
国民　205, 210, 212, 214
国民国家　137, 211, 212, 214, 222
国民性　212
国民統合　212, 213
心の理論　160
互酬　182, 183
互酬性　126, 179, 180, 181
古代　154, 199, 205, 206
国家　88, 191, 192, 197, 200, 202, 208, 210, 212, 214, 219, 239, 240
言葉　143, 144, 145, 146, 148, 151, 153, 155, 156, 213
コミュニケーション　161, 208
根菜型焼畑農耕　99

●さ　行
災害人類学　245
財産　33
採集　17, 24, 69, 70, 72, 81, 88, 96, 101, 102, 104, 107, 108, 125, 191
採集仮説　61
栽培　24, 29, 83, 90, 97, 99, 102, 105
栽培化　24, 26, 35, 78, 80, 82, 92, 100, 192
栽培化された植物　96
栽培と飼育　24
再分配　89, 181, 182, 183
再分配経済　196
在来知（indigenous knowledge）　28, 105, 106, 109, 242, 244, 247

在来農耕　26, 28, 30, 96, 108
搾乳　81, 83, 84, 86, 87, 91
雑穀栽培型の焼畑農耕　99
雑種強勢　36
雑食性　39
サツマイモ　28, 29, 98, 106, 107
サバンナ説　58
サモア　180
産業革命　9, 10, 12, 19, 30, 35, 49, 108, 207, 208, 221
飼育　24, 31, 32, 80, 82, 91
飼育化　24, 35, 78, 80, 82, 92, 192
飼育化された動物　31, 32, 34, 35
紫外線　49
識字　145, 213
資源　20, 34, 62, 65, 67, 81, 90, 192, 194, 197, 199, 208, 216
市場　183, 184, 208, 221
市場交換　182, 183
死肉拾い仮説　60
支配　72, 89, 171, 191, 192, 194, 196, 198, 200, 202, 216
資本主義　207, 208, 215, 221
シャーマニズム　170
社縁　128, 139, 140, 141
社会関係　75, 76, 116, 178, 181, 183, 184, 186, 188
シェアリング　180, 181
周縁　124, 153, 216
宗教　21, 150, 154, 156, 159, 170, 173, 184, 186, 207, 219
宗教改革　207
宗教の復権　155, 156
呪術　155, 170
首長制　195, 196, 199, 200, 202
出アフリカ　40, 48
出産間隔　120

出自　66, 128, 132, 134, 136, 193, 195, 197
狩猟　17, 24, 25, 60, 62, 66, 68, 70, 72, 74, 80, 82, 88, 91, 92, 101, 102, 107, 108, 125, 162, 164, 166, 173, 180, 191
狩猟仮説　60
狩猟技術　162
狩猟採集　71, 73, 74, 75, 78, 80, 90, 96, 136, 180, 191, 192, 194, 197, 202
狩猟採集民　9, 50, 57, 61, 62, 63, 64, 66, 69, 72, 74, 80, 125, 161, 171, 191, 192
順化　47, 51, 54
少数民族　212, 214
象徴的二元論　149
象徴的二分法　149
情報縁　128, 140, 141
初期近代　206, 207
植物分類学　105
植民地　207, 211, 215, 216, 221, 222, 225
食物獲得行動　57, 70, 76
食物分配　70, 71, 75
食用　68, 80, 104
除草作業　108
初潮儀礼　166, 167
進化　55
進化論　55, 202
人口移動　49
人生儀礼　137, 152, 178
親族　70, 89, 111, 128, 130, 132, 136, 138, 179, 180, 184
親族集団　66, 112
親族組織　64, 118
身体的特徴　45
真の模倣　160, 173
深部体温　43, 44, 46, 47
森林伐採　102
人類世　234, 235, 237, 240, 246
神話　118, 154

水田漁撈　104, 108
水田耕作　96, 102, 104, 107, 108
水利システム　103
スペイン　221
生業活動　162
生業の複合性　108
脆弱性　246, 247
成人式　151, 152
性的二型　123
制度　88, 117, 121, 197, 201
聖と俗　150, 170
生物的適応　46
性別分業　69, 111, 116, 125
世界観　154, 156, 161, 208, 231, 242
世界システム　216, 219, 226
世俗化思想　170
石器　60
絶滅危惧種　108
前近代　203, 206, 208, 211, 226, 230
先住民　45, 48, 51, 73, 74, 90, 178, 214, 241, 242
双系　67
贈与　176, 178, 180, 183

●た　行

耐寒能力　46
大航海時代　207, 221, 226
太平洋ヨーロッパ　221
脱近代　205
脱粒　25
多様性　21, 38, 48, 52, 72, 94, 131, 141, 147, 241, 242
単一地域進化説　42
単系出自　134, 193, 194
地域社会　116, 118, 241, 243, 244, 246
地域通貨　187, 188
地縁　128, 134, 136, 138, 141
地球温暖化　226, 234, 236, 238, 241, 243, 244, 246
地球サミット→環境と開発に関する国際会議
地中海ヨーロッパ　221
中国　13, 51, 101, 104, 135, 214, 219, 222
中世　205, 206
中東　41, 42, 64, 87, 203
朝鮮　222
調停　89
通過儀礼　152, 166
チンパンジー　52, 57, 58, 61, 75, 113, 114, 117, 120, 124, 130, 143, 160, 192
ツバル　225, 226, 228, 230
帝国　89, 207, 211, 219
伝統　21, 215
同化　214
同質性　54
糖尿病　50
動力エネルギー　19
都市　35, 137, 138, 141, 197, 236, 238
都市国家　198
トナカイ　32, 73, 80, 82, 89, 90
ドメスティケーション　23, 24, 25, 31, 35, 79, 236　（→家畜化，栽培化）
トランス　169, 171
トリックスター　154, 171

●な　行

ナショナリズム　205, 207, 209, 210, 213, 214
ナショナリティ　212
難産　121
二項対立　148, 149, 150
二重分節（性）　64, 144, 145, 147
二足歩行　40, 57, 58, 60, 62, 63, 121, 130, 144
日本　29, 32, 51, 74, 99, 103, 105, 129, 136, 152, 161, 162, 176, 177, 183, 186, 200, 211,

215, 222, 224, 237
ニュージーランド 128, 129, 137, 141
ニューブリテン島 186
ヌアー 88
乳糖不耐性 51
乳利用 83, 86, 89
ネイション 209, 210
ネイション・ステイト（国民国家） 211
熱産生 43, 44
熱暴露 46
農学 27
農業革命 9
農耕 11, 12, 26, 27, 33, 64, 72, 78, 81, 83, 88, 92, 96, 102, 105, 107, 108, 137, 197, 235
農耕の基本原則 106
農耕牧畜 144, 192, 197, 208, 209
脳容量 40, 61, 63

●は　行
バイオーム 44, 45
バイオテクノロジー 27
バイオマス 86, 100
媒介 153
配偶関係 119, 120, 122, 124, 131
肌の色 48, 49, 52
発情期 122
バヌアツ 230
パプアニューギニア 98, 100, 107, 186
パプアニューギニア高地 28, 29, 33, 106
パロール 147, 148
繁殖戦略 119, 120, 122
バンド 66, 125, 191, 192, 195, 197, 200, 202
万人の万人に対する闘争 193
ヒートアイランド 237
ヒーリング・ダンス 167, 168, 171, 172
ビクーニャ 92
ビタミンD欠乏症 49
ビッグマン 198

人―家畜関係 80
非日常 151, 152, 153, 246
皮膚癌 49
肥満 49, 50
表音文字 145
氷河コア 234
表現型 52, 54
表語文字 145
平等主義 72, 74
品種 27, 29, 36
＊ファン・ヘネップ，アルノルト 152, 166
フィジー 196, 228, 230
複合的な生業 102
父系・父方居住バンド 66, 67
部族 89, 137, 138, 141, 193, 194, 197, 199, 200, 202
ブタ 33, 34, 80, 101, 180
物質循環 10, 17, 18, 20, 96, 235, 236, 237
フランス 210, 221
＊フレイザー，ジェームズ 170, 201
文化的適応 46, 78
ベドウィン 194, 195, 198
ベルクマンの法則 45
ベンガル湾 220
暴力 193, 199
牧畜 17, 18, 51, 64, 72, 79, 80, 82, 84, 86, 89, 91, 92, 137, 197, 235, 242
圃場整備 108
ポストモダン 205
北方針葉樹 90
北方民族 88
ポトラッチ 178, 179, 181, 182
ホモ・サピエンス 24, 38, 40, 42, 44, 46, 48, 52, 57, 58, 64, 235
ホモ属 58, 60, 61, 63, 76
ホモ・ハビリス 41, 58, 61
ホモ・ローケンス 145

* ポランニー，マイケル　181, 183
ポリネシア　48, 128, 195, 196, 199, 225
掘棒　61, 62, 70
ポルトガル　221
* ホワイト，レスリー　20, 21

●ま 行

マオリ　128, 129, 137, 138, 141
マナイズム　154
ミクロネシア　102, 135, 222
ミクロネシア連邦　186
南アメリカ　48, 91
南シナ海　220
ミラーニューロン　159
民族　72, 74, 90, 205, 210, 212, 214
民族自決　211
メソポタミア　198, 200
メラニン色素　48, 49
メラネシア　198
* モース，エドワード・シルヴェスター　177
文字　123, 145, 205
物まね　159, 161, 162
模範的中心　201
模倣　159, 160, 164, 166

●や 行

焼畑農耕　67, 98, 100, 102, 105, 107
野生化　101
ヤップ島　186
槍猟　68
ユーラシア　42, 82, 90, 91, 220
遊動生活　65, 74
弓矢猟　68
ヨーロッパ　41, 42, 47, 48, 82, 87, 89, 200, 206, 211, 214, 219, 221, 223, 226, 230
ヨーロッパ近代　207, 212, 215, 216
養殖　24, 96, 103
用水路　102, 103

●ら・わ行

ラクダ　33, 80, 88
ラクターゼ　51, 86, 87
ランガージュ　147, 148
ラング　147, 148
* リーチ，エドマンド　150
リー族　101, 102, 104
* リッツァ，ジョージ　223
リネージ　118
リャマ　33, 80, 82, 91, 92
両義性　151
料理の三角形　149, 150
類人猿　57, 59, 61, 63, 67, 75, 76, 113, 114, 116, 119, 120, 123, 131
ルネサンス　207
霊長類の社会構造　112, 114
レヴァント回廊　83
* レヴィ＝ストロース，クロード　116, 149, 177
レジリアンス　246, 247
連合関係　147
連辞関係　147
ローカル社会　219, 223, 224, 225, 231
労働投入量　29, 33
労働負荷　27
ロシア　90, 221
罠猟　69, 70, 101, 107
One Health　35

分担執筆者紹介

(執筆の章順)

梅﨑　昌裕（うめざき・まさひろ）
・執筆章→ 2・3・6

1968 年　長崎県に生まれる
1997 年　東京大学大学院医学系研究科博士課程修了
現在　　東京大学大学院医学系研究科教授
専攻　　人類生態学
主な著書　『人間の生態学』（共著）（朝倉書店，2011 年）
　　　　　『ブタとサツマイモ—（自然とともに）』（小峰書店，2007 年）

今村　薫（いまむら・かおる）
・執筆章→ 4・7・10

1960 年　富山県に生まれる
1990 年　京都大学大学院理学研究科博士課程単位取得退学
現在　　名古屋学院大学現代社会学部教授・博士（理学）
専攻　　人類学
主な著書　『砂漠に生きる女たち—カラハリ狩猟採集民の日常と儀礼』
　　　　　（単著）（どうぶつ社，2010 年）
　　　　　『「世界史」の世界史』（共著）（ミネルヴァ書房，2016 年）
　　　　　『岩絵文化と人類文明の形成—アフリカ，北欧，中央アジア，
　　　　　新疆，モンゴル』（編著）（中部大学，2016 年）
　　　　　Social Learning and Innovation in Contemporary Hunter-
　　　　　Gatherers : Evolutionary and Ethnographic Perspectives
　　　　　（共著）（Springer，2016 年）
　　　　　『マリを知るための 58 章』（共著）（明石書店，2015 年）
　　　　　『シャーマニズムの諸相』（共著）（勉誠出版，2011 年）

深山　直子（ふかやま・なおこ）・執筆章→ 8・11・14

1976 年	東京都に生まれる
2008 年	東京都立大学大学院社会科学研究科社会人類学専攻博士課程単位取得退学（博士（社会人類学）2009 年取得）
現在	東京都立大学人文社会学部准教授
専攻	社会人類学，オセアニア地域研究，先住民研究
主な著書	『交錯と共生の人類学——オセアニアにおけるマイノリティと主流社会』（共著）（ナカニシヤ出版，2017 年）
	『「紛争」の比較民族誌——グローバル化におけるオセアニアの暴力・民族対立・政治的混乱』（共著）（春風社，2016 年）
	Coral Reef Science: Strategy for Ecosystem Symbiosis and Coexistence with Humans under Multiple Stresses（共著）（Springer，2016 年）
	『久米島にまなぶ——小さな島の環境保全活動づくり』（共編著）（築地書館，2015 年）
	『現代マオリと「先住民の運動」——土地・海・そして環境』（風響社，2012 年）

赤堀　雅幸（あかほり・まさゆき）・執筆章→ 9・12・13

1961 年	長野県に生まれる
1993 年	東京大学大学院総合文化研究科博士課程単位取得退学（社会学修士号 1987 年取得）
現在	上智大学総合グローバル学部教授
専攻	人類学，イスラーム地域研究
主な著書	『エジプトを植民地化する——博覧会世界と規律訓練的権力』（共訳）（法政大学出版局，2014 年）
	『広がり続けるイスラームの秘密』（共著）（宗教情報センター，2014 年）
	『グローバル化のなかの宗教——衰退・再生・変貌』（共編著）（上智大学出版会，2010 年）
	『民衆のイスラーム——スーフィー・聖者・精霊の世界』（編著）（山川出版社，2008 年）
	『イスラームの神秘主義と聖者信仰』（共編著）（東京大学出版会，2005 年）

編著者紹介

高倉　浩樹(たかくら・ひろき) ・執筆章→ 1・5・15

1968 年	東京都に生まれる
1992 年	上智大学文学部卒業
1998 年	東京都立大学大学院社会科学研究科単位取得退学（社会人類学博士号 1999 年取得）
現在	東北大学東北アジア研究センター教授
専攻	環境人類学、災害人類学、ロシア・シベリア研究
主な著書	『Global Warming and Human – Nature Dimension in Northern Eurasia』（共編著）Springer, 2017 年
	『展示する人類学』（編著）（昭和堂、2015 年）
	『無形民俗文化財が被災するということ』（共編著）（新泉社，2014 年）
	『極寒のシベリアに生きる』（編著）（新泉社、2012 年）
	『極北の牧畜民サハ』（昭和堂、2012 年）
	『社会主義の民族誌』（東京都立大学出版会，2000 年）

「本書に関係する世界地図」（本書に記載された国名を記す。斜体文字は地域名）

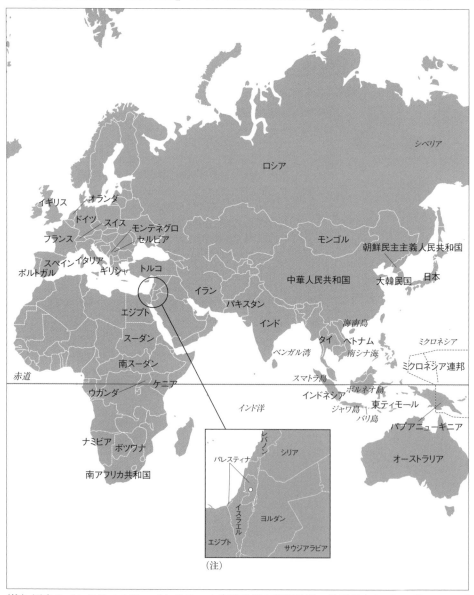

（注）図中のパレスチナは，パレスチナ自治政府の管理地域。地域名としてのパレスチナは，これにイスラエルを合わせた全体を指す。また，時代によっては現在のレバノン，ヨルダン，シリアの一部を含む。

本書に関係する世界地図 | **259**

放送大学教材　1740083-1-1811（ラジオ）

総合人類学としてのヒト学

発　行　2018年3月20日　第1刷
　　　　2022年7月20日　第3刷
編著者　髙倉浩樹
発行所　一般財団法人　放送大学教育振興会
　　　　〒105-0001　東京都港区虎ノ門1-14-1　郵政福祉琴平ビル
　　　　電話 03（3502）2750

市販用は放送大学教材と同じ内容です。定価はカバーに表示してあります。
落丁本・乱丁本はお取り替えいたします。

Printed in Japan　ISBN978-4-595-31861-0　C1339